Arnold Ronacher
DURCHGREITERT UND AUSGEKLAUBT

Arnold Ronacher

Durchgreitert und ausgeklaubt

VERLAG JOHANNES HEYN

Fotos: Barbara Zechner

© by Verlag Johannes Heyn
Klagenfurt, 2000
Druck und Bindung: Druckerei Theiss GmbH, A-9400 Wolfsberg
ISBN 3 85366 947 6

„Von da Anizn bis zen Zepin"
„Achkatzlan gaschtern – zuapatn giahn"
„In Gailtål obn"
„Greimts und Ungreimts ausn Gailtål"

Diese vier ersten Mundartbüchln von Arnold Ronacher, erschienen in den Jahren 1978–1983, waren sehr rasch vergriffen. Da es immer wieder Nachfragen gab, werden mit dieser Ausgabe die bekanntesten und beliebtesten Gedichte und Erzählungen daraus neu aufgelegt.
Wir glauben, damit dem Wunsch vieler Leser nachgekommen zu sein.

Von da Anizn bis zen Zepin

De Anizn

A Anizn, de muascht de håbn,
wånn de willscht an Wågn ziachn;
wånn de Anizn dir fahlt,
kimmscht de nia grådaus und vürchn!

De beschtn Radlan nutznt nix,
wånn de Anizn nit war;
derwegn håb se jå guat ein,
fållt's dir immramål ah schwar!

Wånn du de Anizn nit einhåbscht,
fåhrt da Kotter dir gach fahl;
mit da Anizn geaht's richtig,
is da Weg ah noch so hal.

A Anizn, de muascht de håbn,
wås de ållm' ah unternimmscht.
Låß de Anizn nit aus,
daß de nit von Weg åbkimmscht!

De Bogerat

A Bogerat håt ka Matråtzn,
a Bogerat is woltan hirt;
i hån znachst auf da Bogerat
de Knittl von de Taschn gspürt.

A Bogerat is ah nit ghobelt,
då ziachescht leicht an Spal dir ein,
und dechtern muaß in Jagahüttlan
a rechte hirte Bogerat sein.

Wia i mi umdrahn hån gewöllt,
hån i en Schädel mir geploit.
Wånn i ah wachre Bettlan wissat,
mi håt's derwegn nit gekroit.

I bin nit långe munter glegn;
båld hån i gschlåfn tiaf und fescht
und hån getramp, i bin a Vögele
und lieg in wachn, wårmen Nescht.

's gibb Leut, de liegnt in seidne Bettn
und hånt kan Schlåf, wernd krånk und blach. –
A saubers Gewissn muaß ans håbn,
dånn werd de hirteschte Bogerat wach.

Wårtn auf Håckn und Zepin

De Eacha

De Eacha ranznt auf und nieder,
de Gran stiahnt drüber hoach und starr;
da Wind blåst eichn hinewieder,
es Trad werd zeitig båld und schwar.

De Måhder tuant schuan Sensn dångln;
de Eacha gspürnt schuan, wås hiaz kimmp.
Werd schuan nix fahln, werd schuan nix mångln,
wånn lei es Wetter uns nix nimmp.

Båld glånznt umedum de Gårbn.
Da Mågn leuchtet bluatigroat,
da Summer prång in ålle Fårbn.
De Eacha åber gebnt uns Broat.

De Frigga

Frigga und a guate Plentn
is de rechte Holzknechtkoscht;
åber Frigga derfescht essn
lei, wånn de an Hunger håscht.

Für de Frigga brauchscht a Pfanndl
und an Kas und a Trum Speck;
wånn da Kas si recht tuat ziachn,
iß de Frigga långsåm weck!

Lei nit übermachtig essn,
sunschter kimmp de Truta, Bua,
de verleidet dir de Frigga,
låt dir in da Nåcht ka Ruah!

Lei, bevor de Frigga issescht,
muascht a Årbat håbn getån,
weil an Faulpelz und an Nixnutz
schlågg de Frigga nit guat ån!

Glagn

Glagn aufn, glagn oachn,
lei nit stickl, lei nit gach!
Glagn kimmscht de ållm'l vürchn,
wånn's nit glagn is, geaht's lei zach.

Glagn kimmscht de auf de Ålm,
auf de Heach, bis auf de Schneid;
glagn kånn dir nit viel gscheachn,
is da Weg ah woltan weit.

Derwegn bleib's am glagnen Steiglan,
tuap es mir lei dechtern folgn!
Auf an rechtn, glagnen Weglan
is noch kander åbgewålgn!

Immramål

Immramål glab i, es Lebn is a Tram,
immramål bin i schuan iahnter daham;
immramål hiat i gern Bråtn und Wein,
immramål kinnat's a Plentn ah sein;
immramål årbat i as wia a Gaul,
immramål bin i zen Liegn ze faul;
immramål trink i lei gråd für en Durscht,
immramål is mir ben Saufnålls wurscht;
immramål tritt i an Mentsch auf de Zeachn,
immramål möcht i ka Råmpviech nit seachn;
immramål irgert mei Freund mi, da Schorsch,
immramål denk i mir, leck…;
immramål möcht i lei grådaus und vürchn,
immramål tuat's mi mehr hinterse ziachn;
immramål is mir da Himml ze weit,
immramål man i, dazua håscht noch Zeit;
immramål kinnat an Bam i ausreißn,
immramål möcht i mir hintn eichnbeißn;
immramål möcht anlat ålls i umårmen,
immramål tua i mir selber derbårmen. –
Immramål her und immramål hin –
war's nit aso, hiat es Lebn an Sinn?

Es Jåtach

Es Jåtach wåxt in Kräutlachgårtn
schneller åls wia Kresch und Krian;
kånn ka Kräutlach nit derwårtn,
muaß es auserreißn giahn.

Ah de Ruabn und de Ratach
bleibnt gschamig und versteckt;
obnauf es schiache Jåtach
håt noch ålls bis hiaz derreckt.

Derwegn, Bua, tua lei guat schaugn,
gråd es Letze is oft keck!
Dås werd en de Kräutlan taugn,
kimmp es Jåtach amål weck!

Und nit lei in Kräutlachgårtn
wåxt es Letze drüberaus. –
Willscht epps Nutzes du derlebn,
reiß es Jåtach lei gschwind aus!

Drin spiaglt si de Zeit

Kopfschiach

Wånn de kopfschiach bischt, mei Liaber,
kraxl lei nit in de Wänd!
Bischt de kopfschiach, bleib heruntn,
wo man 's Kopfschiachsein nit kennt!

Bischt de kopfschiach, steig nit aufn
aufn hoachn Kirchturmspitz,
sunschter kimmp dar gach es Grausn,
fåhrt gach eichn noch a Blitz!

Obn aufn hoachn Wipfl
kennt man 's Kopfschiachsein dir ån;
då heruntn aufn Bodn
mirkt jå kander wås davon.

's gibb jå so viel glagne Örtlan,
muascht es jå nit går so treibn!
Derwegn sollt, wer kopfschiach is,
ållm'l schian heruntn bleibn!

De Labn

Bua, kimm eicha, huck di nieder!
Mågscht an Speck und Broat dazua?
Wer'ma derwegn årm nit wern,
håb'ma ållm'l noch genua!

Schwar und müadig gretscht de Ångel
von da åltn Labntür;
gånz be långsåm lahnt se zuachn,
und i tua en Riegl vür.

Und hiaz huck i in da Labn.
Is nit finschter, is nit liacht,
und i mirk lei, wia's von Mauf her
in de Labn oachaziacht.

Umedum stiahnt groaße Truchnen,
hoache Kaschtn, schian und ålt,
ån de Türn hånt se Blüamlan
und a Jåhrzåhl aufngemålt.

Von da Deckn hänkt da Türgge,
gråd erscht gfiedert, gel und roat,
und es riacht nåch Sterz und Plentn
und nåch frischn, schwårzn Broat.

Lei da Boden is schuan wenggat.
Is jå ah ka Wunder nit;
wieviel hundert Jåhr send wohl schuan
drübergången, wieviel Tritt?

Is ka Kåmmer, is ka Stubn.
Gspaßig seta ålte Labn.
Bin åls Fremer eichakemen,
und i bin åls wia daham.

In da Stådt gibb's so viel Häuser,
hoach und nåckat, Tür an Tür.
Haßt di kander eichakemen,
fahlt wohl ah es rechte Gspür.

Fahlnt vielleicht de åltn Truchnen?
Fahlnt de Kaschtn? Fahlt da Tram?
Fahlt es Broat oder da Gschmåchn?
Fahlt wohl ah de ålte Labn.

„Kemt's lei einer in de Stubn!"

De Las

Durch es Feld, gleim be da Furchn,
ziachnt grådaus hin de Las.
Fåhrt mei Fuhrwerch drüber durchn.
Wo geaht eppa hin de Ras?

I siech lei en Feldweg ziachn
und de Las wia a påår Strich.
I fåhr hin grådaus und vürchn,
wånn i ah nit weiter siech.

Åch, i muaß jå nit ålls seachn!
Is nit guat, wånn ans ålls waß.
Wås werd mir denn ah schuan gscheachn,
solång i fåhr in meine Las!

Lei amål

Lei amål älter sein, lei amål gscheider!
Lei amål greaßer sein, nitållweil klan!
Lei amål tånzn kinnen, amål lumpern!
Lei amål hålsn mit'n Mitzelan!
Lei amål Lehrer sein, lei amål Pfårrer,
lei amål Postschofför, lei amål Wirt!
Lei amål Auto fåhrn, lei amål fliagn!
Lei amål wacher liegn, lei nit so hirt!
Lei amål Våter sein, lei amål kommedieren!
Lei amål niammer folgn müassn – wia dås tuat?
Lei amål … hån i oft åls Bua gedenkt
(und hån åls Groaßer mi noch gach dabei derglenkt) –
Lei amål zefriedn sein, und ålls war guat!

Neni und Nona

„Jå, Neni", sågg de Nåchbårsdirn,
de Eav von Oberålm,
mit ane Tittlan wia zwa Birn,
„wia geaht's denn noacha ållm'?"

Da Neni schaugg de Eava ån:
„Na, ållm', ållm' geaht's nit!
Es gangat wohl noch heitawånn,
lei mit da Nona nit."

Da Pårzn

Da Dåchstuahl is hiaz aufgezogn,
da leschte Någel sitzt in Holz;
hiaz endla is da Pårzn obn,
da Pårzn, unser gånzer Stolz!

Erscht wånn de Bauleut firtig send,
erscht noacha kimmp da Pårzn aufn,
und Feieråmb måchent ålle Händ,
da Pårzn erscht låt uns verschnaufn.

*

In Berg davor, drin in Gedax,
då send de Pårzn jå daham;
a jiader håt a ånders Gewax,
und nit aus jiadn werd a Bam.

Lei gråd de gsundn und de feschtn,
de wåxnt drüberhin und aus,
und gach amål werd aus de beschtn
a guater Dåchstuahl für es Haus.

Aus Pårzn kånnscht ka Haus du zimmern,
lei war ka Pårzn, war ka Bam!
Drum tuap's enk um es Pårzach kümmern,
sunscht håbb ös amål ka Daham!

Auf da Onewend

Onewend mahn und Onewend Måhdn stran,
Onewend umkehrn und Onewend heugn,
Onewend schübern und Onewend einführn,
Onewend – tamisches Auf- und Åbsteign!

Egartn mahn is jå nit viel dahinter,
Ålmwieslan heugn is gråd oft noch a Hetz;
Onewend, lei auf da Onewend schintn,
ållm' auf da Onewend, Bua, dås is letz!

I tat wohl ah gern oft ånderschtwo heugn!
Åber vielleicht möchtn gråd gern de an,
de ållm'l lei auf da Egartn schübern,
amål bei mir auf da Onewend mahn.

Auf da sticklenen Leitn

Da Pumpazåna

Pumpazåna, schiacher Lotter,
Pumpazåna, grausigs Gfris!
Wer an gseachn håt, der waß es,
wia a Pumpazåna is.

Pumpazåna znichtes Luader,
bischt be Tåg jå viel ze feig!
Schleichescht in da Nåcht lei umhar
in Gedax drin ståtts am Steig.

Kimmp da Wind, blåst aus dei Kirzn,
siech kan Pumpazåna mehr.
Gschiecht da recht, wås lafescht ah lei
be da Finschter hin und her!

Mit'n Tåg is aus dei Lebn,
gibb de Sunne dir ans drauf;
bischt in Sautrog amål drinnen,
fressnt di de Fåckn auf.

Wer es Liacht nit måg derleidn,
in da Finschter si verkriacht,
der is lei a Pumpazåna,
is nit wert es Kirznliacht!

De Ranzn

De Ranzn, de geaht auf und nieder,
is amål untn, amål obn;
und kriagscht an Schupf du hinewieder,
werscht du angach weit aufnghobn.

Lei kånnscht du nit då obn bleibn;
de Ranzn håt an bsundern Tuck:
du någscht se noch so aufntreibn,
sie kimmp hålt ållm'l wieder zruck.

Und wånn de glabscht, du kånnscht's dertrutzn,
dånn håscht de di umesunscht geplågg,
dånn tuat dir dås erscht recht nix nutzn,
weil se dånn hintn überschlågg.

Dånn kånnscht se noch so hinterziachn;
zelescht kimmp dir då obn da Graus,
kånnscht gach kopfüber oachafliachn,
und mit'n Ranzn is es aus.

Drum sollt ans nia epps übertreibn.
Schaug, gråd dås Auf und Åb is schian!
Kånnscht jå nit ållm' obn bleibn!
Tua lei de Ranzn recht verstiahn!

Scheitlan kliabn

Scheitlan kliabn – hårte Årbat,
Scheitlan greadn – woltan schwar,
Scheitlan trågn – ah nix besser,
werd de Zane nia nit laar!
Scheitlan knien – lei nit redn,
wer dås tuan muaß, der is årm!
Scheitlan hazn – sege wohl,
werd de Stubn liacht und wårm!

Jå, wia rink is so in Winter
auf da Ofenbånk de Råscht!
Åber wia werscht Scheitlan hazn,
wånnscht se nit geklobn håscht?

Wårtn aufn Winter

Rogl

Is rogl a Zåhnt, reiß ihn luschtig lei auser!
Is rogl a Stan, wålg ihn auf und davon!
Is rogl a Lådn, schlåg eichn an Någl!
Is rogl a Radle, ziach de Schraufn guat ån!
Is rogl dei Pråtzn, Bua, håb se guat hinter!
Is rogl a Wörtle, hålt de Pappn fescht zua!
Is wås rogl in Kopf drin, låß niamp nit wås mirkn!
Is rogl dei Herzle, Bua, dånn schaug dazua!

Da Spal

An Spal hån i mir eingezochn –
da Lådn auf da Bånk wår morsch. –
Da Spal håt mi gånz schiach derstochn;
hiaz tuat's går afln – leck …!

I kånn den Toiflspal nit findn,
wås jå wohl ah ka Wunder is.
Wer siecht si selber schuan von hintn?
Wer håt denn hintn ah a Gfris?

Ob hintn an a Gfris wås nutzat?
Schaugg eh si kander hintn ån!
Wånn mi da Spal nit aso wutzat,
i wissat jå går nix davon.

Terisch und blind

Terisch sein war wohl es leschte;
Bua, dås war verkehrt,
weil ans dånn es Ållerbeschte
ållm'l überheart.

Blind sein åber war noch letzer;
na, dås derf nit gscheachn,
tascht de mit de beschtn Retzer
ålls gach überseachn.

Lei, wånn i so speggelier,
wia oft send de Leut,
kimmp's mir gach gånz ånderscht vür:
ålls ze seinder Zeit!

Immramål war's går nit letz,
wånn ans nit ålls siecht,
und es Terischsein a Hetz,
nit ålls hearn, wås gschiecht.

Dås hiat an gånz bsundern Wert
für de Eheleut;
wånn es Månnsbild nit ålls heart,
wås sei Ålte schreit,

und de Ålte nit ålls siecht,
wås da Månn so treibb,
wås in Wirtshaus ålls so gschiecht,
wo er ållm'l bleibb.

Terisch sollt da Lotter sein
und de Ålte blind,
noacha gab's in „trautn Heim"
nia an schiachn Wind!

Da Stor

Auf da Tråttn hintern Gråbn
steaht a ålter Lärchnstor;
kånnscht de Jåhrring niammer zähln,
steaht schuan woltan lång davor.

Und i waß noch guat, wia sebn,
schuan vor etla ane Jåhr,
wia de Lärchn noch am Lebn
und i noch a Büable wår.

Is a groaße, ålte Lärchn
sebn gewesn, hoach und fescht,
mit an Ståmm, an dickn, bratn,
und mit weite, krumpe Äscht.

Wårnt in Fruahjåhr Specht und Masn
und da Guggu obn daham;
Gimpl, Stieglitz und de Råbn
hånt de Neschtlan ghåt am Bam.

Wår in Summer ah voll Lebn
bis zen Wipfl in da Heach,
und de Äscht hånt Scherm noch gebn
in de Hirsch und in de Reach.

Is da Hirbischt noacha kemen,
håscht de Achkatzlan båld gheart,
und de Tschojen, de hånt gschrien
und hånt gsågg, daß Winter werd.

Und mir Büablan sen ben Håltn
um de Lärchn umharghuckt,
håbn derzählt uns Raubergschichtn,
hamlat uns dabei geduckt.

Mit'n Feitl vron und hintn
unsre Nåmen eichngritzt,
aus da roatn, dickn Rindn
schiane klane Schifflan gschnitzt.

Und angach is Winter worn
ah für'n åltn Lärchnbam.
I hear heunte noch es Kråchn. –
Aus wår's mit'n Kindertram. –

Richtig aus? I kånn's nit glabn.
Is noch lång da Tram nit går;
håbnt noch fescht de zachn Wurzn,
steaht jå noch da ålte Stor.

Spielnt de Kinder noch ben Håltn
heunte durt wia sebn ben Bam;
hånt noch Åmasn und Käfer
drin in Stor a guats Daham.

Jå, so kånn ans, wånn es Lebn
so wia ålls amål vergeaht,
lång epps Guats noch åndern gebn,
wånn a rechter Stor noch steaht.

Scherm für de Hirsch und für de Reach

Überse und unterse

Überse kimmscht oft zen Schwitzn,
unterse nit leicht amål;
überse muascht woltan kreischtn,
unterse bischt båld in Tål.

Unterse geaht's jå viel leichter,
überse geaht's lei hisch schwar;
åber wo wars Unterse,
wånn ka Überse nit war!

Wånn i überse muaß giahn,
denk i derwegn ålle Ritt,
wia's ben Unterse werd wern,
und wia rink werd mir da Schritt!

Umedum und umharnånd

Umedum muaß ans oft giahn,
umedum, nit umharnånd,
mit'n Kreuz oft um de Kirchn,
umedum is jå ka Schånd.

Umedum um unser Haltle
håt da Neni Zaun gemåcht,
umedum ums Gråbnkeuschle
schleich i mi oft be da Nåcht.

Umedum um unser Seale
send viel Hölltümpf hin und hin,
umedum um unser Taling
stiahnt in Berg de Mårchstan drin.

Umedum, bevor as Tåg werd,
giahnt de Jager gånz bestimmp
dreimål um es Jagahüttle,
wånn a schiaches Weibsbild kimmp.

Umedum tuat oft nit schådn,
umedum oft gleim ben Rånd.
Umedum muascht oft in Lebn,
umedum, nit umharnånd!

De Xångsprob

Da Xångsverein håt Xångsprob heunt.
Da Xaver singg Tenor.
Es Singen is recht xund, wia's scheint,
fürs Gemüat und ah fürs Ohr.

Da Xandl singg en zweitn Båß;
dås måcht ihn kander nåch!
Ben Solo is auf ihn Verlåß,
de Weiberleut wernd schwåch.

Da erschte Båß singg heitawånn
ståtts Gis dås tiafe G;
en Lex sei Xell mirkt nix davon;
er mant, dås stimmp jå eh.

Da Chormaschta, der åber brüllt
und måcht a Xeras draus:
„Dös singg's jå fålsch!" schreit er gånz wild,
„von vorn noch amål! – Aus!"

Da Obmånn bringg ålls wieder zrecht;
er tuat en Håns verstiahn;
er mant, er singg jå sunscht nit schlecht,
es werd schuan wieder giahn. –

A seta Xångsprob is nit schlimm;
oft gibb's a mords Trara.
Man kriagg davon a guate Stimm –
en Haustorschlüssel ah!

Drum håltet's enkern Xångsverein
lei ållm' hoach in Ehrn!
Wås war denn dås fra traurigs Sein,
tat ma ka Liadle hearn!

Aufnglenggern bis zen Mauf

Da Zepin

Is nit ze veråchtn a guater Zepin
mit an Help, mit an grådn, an feschtn.
Wia ziachat ans sunschter de Blöch lei dahin?
Da Zepin håbb se decht noch in beschtn.

Da Spitz, der muaß krump sein, wia Ståchl so hirt,
muaß eichn in de Lärchn und Buachn.
Bua, håscht schuan amål an Zepinspitz du gspürt?
Bua, setene Spitz muascht de suachn!

Ben Beißn, då muaß da Zepin richtig sitzn,
und noacha da Help, der muaß håbn;
dånn bringg di da schwareschte Stock nit zen Schwitzn,
lei „Wolte!" – schuan wålgg er in Gråbn.

Und wånn's amål stickl is obn in Wåld
und a Bam will von selber åbgiahn,
håb hinter en Bloch, bevor daß er fållt!
Da Zepin bringg ihn ållm' noch zen Stiahn.

An Zepin, jå, den brauchat man oft so angach –
und nit lei in Berg und in Tål –
zen Ziachn, wånn's immramål schwar geaht und zach –
zen Hinterhåbn ah gach amål!

Achkatzlan gaschtern – zuapatn giahn

Achkatzlan gaschtern

Achkatzlan gaschtern?
Bua, dås låß sein!
Ghearnt de Nussn
eppa lei dein?
Sei nit so geitig!
Sei nit so kluag!
Håscht de jå dechtern
ållm' noch genuag!
Glabscht, håt da Herrgott
af uns lei gedenkt,
eppa de Nussn
lei uns allan gschenkt?

Gibb wohl viel Letzere,
de nit lång frågnt
und uns viel greaßere
Nussn verträgnt.
De kånnscht de gaschtern,
de muascht verjågn;
åber de Achkatzlan,
de låß lei någn!

De Brintschl

Heunte håb'ma Plentn ghåt,
wår de Rein båld laar.
Hiazan seima ålle sått.
Wånn's lei ållm' so war!

Lei de Brintschl is noch drin.
Låß lei stiahn de Rein!
Wånn i wieder hungrig bin,
gheart de Brintschl mein.

Af de Brintschl bin i schian
gluschtig ålle Tåg.
I kånn den nit recht verstiahn,
der ka Brintschl måg.

Oft is gråd es Ållerleschte,
wås nit aufntreibb,
noch zelescht es Ållerbeschte,
wås ben Bodn bleibb.

„Kimm nit eine bei da Tür"

Dreie benånd

Wånn wo drei Wianer zsåmm tuant kemen,
send zwa gewiß davon aus Böhmen.

Stiahnt wo benånd drei Steirerköpf,
de kennt man schuan ån senre Kröpf.

Ah drei Tiroler kennscht venånd,
weil se in Håls an Knödl hånt.

Drei Bayern braucht man nit lång suachn,
de heart von weitn man schuan fluachn.

Hucknt wo zsåmm drei Weiberleut,
då werd getratscht lei woltan gscheit.

Tuascht wo drei Karntner zsåmm du bringen,
de hebnt gewiß glei ån zen singen;
weil wånn drei Karntner zsåmm wo sein,
dånn is dås schuan a Gsångsverein.

Fålische Kåner!

Müat ös denn ålls so in Dreck oachnziachn?
Dås is jå, richtig wåhr, nit zen verstiahn!
Schaug's dechtern aufn und schaug's dechtern vürchn,
de Welt is jå umedum glånzat und schian!

Gåsse giahn

Gåsse giahn
is dechtern schian.
Bleibb de Freundschåft
gleim benånd,
kimmp ka Feindschåft
auf in Lånd.
Gibb so viel
zen dischgeriern,
in da Still
zen speggeliern.
Tuascht nit lei
so viel derfrågn,
kånnscht dabei
de Neatn klågn:
daß de Kålbn
håt hingekeit,
af da Ålm
send kane Leut,
daß da Waz
zen schneidn werd,
daß da Naz
båld nix mehr heart,
daß de Gota
af de Nåcht
mit an Lotter …
Bua, gib åcht!
Tua lei decht nit
Leut ausrichtn,
kinnascht damit
Streit ånrichtn!

Wer sei Maul nit
zua kånn spirrn,
der sollt jå nit
Gåsse giahn!

An Gål

Heunt hån i an Gål,
und i waß nit warum.
Gach geaht's hålt amål
in Kopf umedum.
Heunt geaht ålls danebn,
heunt geaht schuan ålls krump,
kånnscht nehmen, kånnscht gebn,
is ålls lei a Glump.
Wås i ah will måchn,
es kånn nix draus wern,
kånn tschentschn, kånn låchn,
kånn schimpfn, kånn blearn,
kånn fåschtn, kånn saufn,
kånn lafn, kånn giahn,
kånn liegn, kånn schnaufn,
kånn sitzn, kånn stiahn.
Heunt schmeckt lei ålls hantig,
in Mågn und in Håls,
heunt bin i hålt grantig,
heunt irgert mi ålls. –
Heunt hån i an Gål,
und i waß nit warum.
Gach geaht's hålt amål
in Kopf umedum.

Måch zua deine Augn
af an Nåpfaza lei;
gach tuat's wieder taugn,
und da Gål is vorbei!

Gfreuntet

„Bua, ziach ån dei Sunntiggewånd!
Heunte geahma af es Lånd,
af de Sunneseitn zuachn,
wölln in Kråß en Mår besuachn",
sågg da Stof zen Fritz, sein Bua,
und mant noacha noch dazua:
„Sein schuan lång nit durt gewesn.
Hiat af ihn lei båld vergessn.
Und dabei sein mir sogår
gfreuntet mit'n åltn Mår."

„Gfreuntet, Våter, håscht de gsågg?
Gfreuntet mit'n Mår, en Jågg?
Wia denn gfreuntet, wia denn dås?
Wia denn gfreuntet sebn in Kråß?"

Wia se gråd so furtgiahn wölln,
hebb da Stof ån zen verzähln:
„Ålsdånn, gfreuntet, dås is klår,
seima mit'n åltn Mår,
weil von Jågg de ålte Nona
und von Gaschperle de Vrona
und da ålte Huaber Michl,
sebn von Huaber afn Bichl,
und von Ruap de ålte Thresn
Gschwisterkinder send gewesn.
De Thresa, de håt Zwinlan ghåt.
Ans davon is in de Stådt,
wår a Gitsche, nit gråd sauber,
de is mit an Zotnklauber.
Wår um sei jå sunscht ka Gris.
Waß nit, wo de hiazan is.

's ane Zwinle, sege wohl,
sege wår lei woltan toll,
de is dånn de Hoisin worn,
håt en Månn schuan båld verlorn,
håt dånn gheirat noch amål,
en Kilzer Håns von obern Tål.
Von Kilzer Håns a hålbe Tant –
mein Gott, håt de oft ghåt an Grant! –
dås wår de Lippin in Tramun.
De håt lei ghåt an ledign Suhn.
Von den a Muahmele, de Tona,
dås wår de Muatter von da Nona. –
I glab, hiaz geaht's da decht wohl ein,
wia mit'n Mår mir gfreuntet sein."

Es Jåhr

Da Långas kimmp mit Sång und Klång,
de Vöglan tuant schian singen,
da Schnea geaht weg in Leitnhång,
und umedum tuat's klingen;
es wåxt und blüaht, da Guggu schreit,
de Bajen hebnt ån fliachn:
Da Långas is a guate Zeit,
då schaugg da Herrgott vürchn.

Da Summer glånzt in noier Pråcht
und mit sein liachtn Gwandlan;
es flunggazt in da Sunnwendnåcht
und brinnt von heacheschtn Wandlan.
Es låcht und jauzt ålls vollder Freud,
is ålls voll süaße Gschmåchn:
Da Summer is a guate Zeit,
då tuat da Herrgott låchn.

Da Hirbischt is a guater Månn.
Wås tuat uns der ålls gebn!
Mit Wein und Obas kimmp er ån
und låt an jiadn lebn.
Und überåll in Landlan weit
tuat's scheckat umharhänkn:
Da Hirbischt is a guate Zeit,
då tuat da Herrgott schenkn.

Da Winter kimmp in stiller Ruah,
deckt Wiesn, Wåld und Erdn
mit sein schneaweißn Gulter zua,
låt uns en Feieråmb werdn.
De Rauchnächt send hiaz niammer weit,
vorbei send Müah und Låschtn:
Da Winter is a guate Zeit,
då tuat da Herrgott råschtn.

So geaht's es gånze Jåhr rundum
mit guate Tåg und schlechte,
und fahlat ah lei wo a Trumm,
war's ninderschtwo es Rechte.
Werd's nit gschwind launig, liabe Leut,
bricht immramål a Plånkn:
Werd ållm' wieder guat de Zeit. –
Låt's uns en Herrgott dånkn!

De Kelper

Da Hund håt a Kelper,
er braucht se wohl ah,
hängg a Brefele drån,
oft a Kettn wohl ah.

An Hund ohne Kelper,
den schiaßnt se zsåmm,
weil a Hund ohne Kelper,
der håt jå kan Våm.

Da Hund håt a Kelper. –
Måcht's derwegn ka Gschra!
Jå, nit lei da Hund,
mir håb'ma se ah.

Hängg a Brefele drån
gråd so wia ben Hund,
und oft ah a Kettn
håt uns wer vergunnt.

Du kånnscht vor da Kelper
di jå nit derwihrn.
Und siegscht se ah nit,
umso mehr tuascht se gspürn.

Es Koipech

Güldene Knöpflan
sebn von de bletzatn
feichtenen Bam,
reatlat gekoit.
Kieniger Gschmåchn!
Gspürscht drin de Bam,
Holz und de Rindn,
Wåld und de Erdn,
schmeckt nåch daham.

Låß von de süaßeren
fålischn Gschmåchn
di nit verführn!
Kaugummiglump
måcht hin de Zähnt,
werscht es noch gspürn!
Chemisches Zoig
måcht di marodig.
Tua di decht wihrn!

Bleib decht ben Wåld!
Bleib be da Erdn!
Bleib be de Bam!
Bleib be dein Gschmåchn!
Bleib be dein Koipech!
Bleib decht daham!

De Kråpfn

Sollnt de weißn Kråpfn kråtn,
brauchescht Erdruabn und an Schotn,
brauchscht an Tag für dünne Häutlan
und de rechtn Kråpfnkräutlan:
Zwiefl, Knofl, Peatersil,
Porre, Minzn, Keferfil,
Berchtram noch und ah Basandl
und zelescht viel Schmålz in Pfanndl.
Muascht inerscht ålls richtig knetn
und drei Våterunser betn.
Noacha måch von Tag a Hüle
und tua eichn dånn de Füle,
tua de Stingl auserfisln
und de Randlan richtig brisln.
Håscht de firtig dånn an jiadn,
noacha kånnscht de Kråpfn siadn.
Måch dabei lei kane Fahler!
Und dånn auser af es Taler!
Nit vergessn af es Sålz!
Mit an groaßn Pfanndl Schmålz
kånn ålls åndre si versteckn.
„Gsegn's enk Gott! Låt's enk guat schmeckn!"
Tuaps enk hiaz lei recht befleißn
be de Kråpfn, be de weißn!

Nebn de weißn tuat's danebn
ah noch roate Kråpfn gebn
mit da Birnkloaznfüll.
Iß davon lei nit ze viel!

Åber ans: En rechtn Gschmåchn
kånn man lei in Karntn måchn,
wånn de Kråpfn mitn Schotn
wernd in Karntner Wåsser gsottn.
In de Kloazn von de Birn
muascht de Karntnerluft drin gspürn;
Keferfil und es Basandl
müaßnt sein von Karntnerlandl;
sollnt de Erdruabn richtig werdn,
muascht drin gspürn de Karntner Erdn.
Und es Wichtigschte dabei:
von ander Karntner Köchin lei!

De Lahn

A Rumpler – es kråcht
durchn Jauk, durch de Nåcht
davor übern Ran:
de Lahn!

Es rigglt und büllt,
und de Leitn is gfüllt
mit Schnea, Holz und Stan:
de Lahn!

's gibb a greaßere Gewålt,
wer nit ausderweicht, fållt!
Und da Mensch is so klan. –
Denk ån de Lahn!

Larifari – umesunscht

Larifari tuascht oft viel,
umesunscht kimmscht nia zen Ziel.

Larifari muascht oft kreischtn,
umesunscht kånnscht dir nix leischtn.

Larifari tuascht gach schwitzn,
umesunscht werscht ålls vermitzn.

Larifari werd viel gredt,
umesunscht håscht lei es Gfrett.

Larifari gibb's viel Noat,
umesunscht is lei da Toad.

Lei

I brauch jå lei a Häfele,
i brauch kan groaßn Kruag;
i brauch jå lei a Schrefele,
dånn hån i wårm genuag.

I brauch jå lei a Pitschele,
i brauch ka groaßes Fåß;
i brauch jå lei mei Gitschele,
daß i nit ausngrås.

I brauch jå lei a Karntnerliad,
i brauch jå ka Konzert;
i brauch jå lei es Karntnergemüat,
bevor daß finschter werd.

I brauch jå lei mei Karntnergewånd,
i brauch kan Haufn Geld;
i brauch jå lei mei Karntnerlånd
und nit de gånze Welt.

Losn und schaugn

Leut, tuaps losn, losn, losn,
de nit hearn wöllnt, zen Possn,
de nit losn wöllnt, ze Fleiß
af de wunderbåre Weis!
Lost's lei, wia de Vöglan singen,
lost's, wia's umedum tuat klingen,
lost's afs Rauschn drin in Wåld,
lost's, wia's Wåsser niederfållt,
lost's, wia's pfeifn tuat und zwilln,
lost's afs Reachle, af de Grilln,
lost's afs Murmele, de Håsn,
lost's lei, wia da Wind tuat blåsn,
lost's af ålls, wås singg und klingg,
lost's af ålls, wås umharspringg!
Jauzt jå ålls für di und mi
in da schianeschtn Melodie.
Herrgott, tua uns decht erhörn:
Låß uns lei nit terisch werdn!

Leut, tuaps schaugn, schaugn, schaugn!
Ze wås håbb ös denn de Augn?
Schaug's lei, wia de Sunne låcht,
schaug's de wunderschiane Pråcht,
schaug's, de Welt is dechtern schian,
schaug's lei, wia de Blüamlan blüahn,
schaug's, wia still da Sea tuat glånzn,
schaug's, wia drauf es Liacht tuat tånzn,
schaug's de Berg, en Wåld, de Stan,
schaug's de Fålterlan, de klan,
schaug's de Käferlan, de Wummeln,
schaug's, wia se de Bajen tummeln,

schaug's en Himml sebn in blown,
schaug's de Wölklan so hoach drobn,
schaug's de Sternlan in da Nåcht,
schaug's en Monad vollder Pråcht! –
Daß de Finschter ållm' verziacht,
Herrgott, schenk uns ållm' dei Liacht!

Wårtn auf Hungrige

De Ohrnschliafer

Bua, paß auf, a Ohrnschliafer
kriacht dar eichn ållm' tiafer!
Is in Ohrwaschl båld drin.
Ziach ihn auser, måch ihn hin! –

Ach, geah låß en Hascher lebn!
Der kriacht eh lei gråd danebn!
Is a Tier lei, kånn nix sågn
und kånn kane Poschtn trågn.

Gibb viel letzre setne Kriacher,
de ziach aus de Loser vürcher!
Dås send so de gånz de znichtn,
de lei wöllnt de Leut ausrichtn!

De Sunne

Nebl, Nebl umedum,
ålls is nåß und kålt.
Und du frågscht noch går warum?
Fahlt de Sunne hålt.
Bua, dås dawert hiaz schuan långe,
anlat vierzehn Tåg;
Leut und Viech wernd långsåm bånge,
is a rechte Plåg.
Daß de Sunne wia zen Trutz
går nit vürcherzånt!
Na, de Sunne is nix nutz,
is jå schuan a Schånd!

Überleg decht mit Geduld:
Wer is dir hiaz feind?
Is de Sunne eppa schuld,
wånn se heunt nit scheint?

Mir bleibm tschudrat kråd ze Fleiß

Tschudrat

Sebn wår ans a Struwwlpeater,
der si nit håt låssn schern.
Heunt is tschudrat sein modern;
wånnscht en Buabn schern willscht, bleart er.

Låß de Håår lei weit ins Gfris
oachahänkn wia a Lampl!
So derspårscht de dir en Kampl.
„In" is heunt, wer tschudrat is.

Bleib lei tschudrat, kråd ze Fleiß!
Dås is nit amål so letz:
Sicherscht so de Årbatsplätz
für de Nissn und de Läus!

Umesunscht

De ålte Hauserin von Laas
håt mitn Enkelan, en Kurt,
gemåcht amål a groaße Ras
weit oachn, bis af Klågnfurt.
In Kötschach af da Båhnstation
giahnt se zen Kårtnschålter hin.
Då sitzt a groaßer, strenger Månn
mit an schian roatn Kapplan drin.
De Hauserin kråmt in ihrn Taschlan –
sei is recht kluag und nit so dumm, –
måcht auf von Schneuztuach dånn de Maschlan,
draht jiadn Kreuzer dreimål um:
„A gånze Kårtn, recht schian bittn,
und noch a hålbe då für'n Bua
bis hin af Klågnfurt in de Mittn,
hån jå wohl Geld dafür genua."
Da Lotter schaugg ben Türl auser
und schaugg so afn Buabm hin:
„A hålbe Kårtn für den Lauser?
Wås kimmp enk då wohl decht in Sinn?
Für'n Bua, då müat's a gånze nehmen,
håt jå schuan långe Hosn ån!"
Då is er af de Gfahlte kemen.
„Aso geaht's be da Eisnbåhn?"
mant's Weible hiazan, „tuaps lei wårtn!
Ah, nåch da Hosn geaht de Kunscht?
Dånn gebb's en Buabm a gånze Kårtn;
i åber fåhr dånn umesunscht!"

Da Wegenor

I bin jå lei a Wegenor,
i kånn jå nix dafür;
hån kane Federn, kane Håår,
i bin a årmes Tier.

Bin umedum lei romelat
mit ane geln Fleck.
Håt mi amål wer umgedraht,
kimm i breits niammer weck.

Und weil i går so långsåm bin,
hån i oft går kan Reim
und kimm zen Schwitzn hin und hin.
Kemp's mir lei nit ze gleim!

I kånn nit lafn, kånn nit fliagn,
nit redn und nit riafn;
i tua lei Würm' und Schneckn kriagn,
wånn se si nit verschliafn.

En Regn, jå, den hån i gern;
i kimm lei sebn hervor.
I möcht jå går nix ånders werdn –
i bleib a Wegenor.

Lei ans denk i mir heitawånn:
Für an Nårrn bin i ze gscheit.
I zag enk jå es Wetter ån
viel besser wia de Leut.

De Wochntåg

Am Montig wer ma müassn mahn,
am Irtig geah ma Måhdn stran,
am Mittich tua ma umkehrn giahn,
am Pfingschtig schübern mit de Dirn,
am Freitig einführn mit de Knecht,
am Såmstig werd da Heustock recht,
am Sunntig send vorbei de Låschtn,
då könn'ma endla amål råschtn. –

So is es sebn amål gewesn. –
Und heunte? Montig müaß ma lesn,
am Irtig schreibn, korrigiern,
am Mittich rechnen, dischgeriern,
am Pfingschtig umharnånderlafn,
am Freitig mit de Leut zsåmmrafn,
am Såmstig dånn korrespondiern,
am Sunntig wieder speggeliern
und jå nix aus de Augn verliern
und de Termine aufnotiern.

Es werd viel gredt, nit viel getån.
Dås åber greift de Nervn ån!
Und ålls sollt noch viel schneller giahn. –
De Årbat is går niammer schian.
De Wochntag, de glångent nit,
da Sunntig, der muaß ah noch mit.
Und um dås Gånze recht ze würzen,
haßt man dås „Arbeitszeit verkürzen".

Schaug's lei amål, wia's sebn wår!
Wår eingetalt es gånze Jåhr,
håt in da Wochn jiader Tåg
wohl ghåt sei Müah, håt ghåt sei Plåg,
und wår ah noch seta Getua,
am Sunntig, då wår Råscht und Ruah.
Und wår ah schwar de Årbat sebn,
Terminkalender håt's kan gebn!

De Zacherlan

Is a schiaches Wetter kemen
übern Berg de leschte Nåcht.
Tuat es Letze weck uns nehmen,
daß de Sunne wieder låcht.

Springent umedum de Brünnlan
übern Berg und übern Stan,
durch de Riesn und de Rinnlan
ze de Blüamlan her am Ran.

Is gråd so, wia nåch an Kummer
uns de Zacherlan tuant någn:
Ah dås Herzle braucht an Summer,
tuat dånn ålls viel leichter trågn.

Låß de Zacherlan lei rinnen
übern Berg und von de Augn!
Bliebatn se ållm'l drinnen,
tat de Welt båld niammer taugn.

Da Zuapat

Oxn håltn, Kalblan suachn
und de Küah in Tommer spirrn,
mitn Pitschlan Wåsser holn,
Schotn seichn, Butter rührn,
Leckstan samen, Frigga kochn,
Plentnmehl und Speck zuatrågn,
Taschn håckn, Bogerat richtn,
ållm'l schintn lei und plågn!
Ållm'l lei en Hålter folgn!
Bua, a Zuapat håt's lei schwar!
Nia Derweil zen Überschnaufn!
Wånn i lei a Hålter war!

Bua, wås tat denn unser Hålter
ohne Zuapat af da Ålm?
Wer tat af de Oxn schaugn,
af de Küah und af de Kålbn?

War ka Milich, war ka Butter,
derwegn find i mi wohl drein.
Åber wia soll's weitergiahn?
Will jå niamp mehr Zuapat sein! –

In Gailtål obn

Da Monad und es Michele

Es Michele obn von Kornåt
will oachn in de Lindwurmstådt.
Dås wår vor über hundert Jåhr.
Ka Eisnbåhn und kan Motor
håt sebn in Gailtål man gekennt.
Es Giahn, dås wår man noch gegwöhnt.
„Wia werd denn eppa es Wetter wern?"
Am Himml leuchtnt noch de Stern,
da Monad wia a Sichele,
wia furtgeaht unser Michele.
In erschtn Tåg kimmp er nit weit;
noch kennent ihn då ålle Leut.
's gibb viel zen frågn und dischgeriern;
er kimmp nix weiter ben Marschiern.
So is er erscht nåch åcht, zechn Stundn
lei gråd erscht af da Mauthe untn.
Durt kehrt er be da Gota zua
und bleibb de Nåcht bis in da Fruah.
In Kirbåch schaugg ben Wirt er zuachn,
sebn muaß er jå de Tant besuachn.
Und wieder geaht a Tåg so drüber.
In Trepelach ben åltn Krieber
war ah recht zuakehrn, eppa decht,
sebn is er gfreuntet mit'n Knecht.
Und so geaht's weiter umedum.
Båld is de erschte Wochn um.
So is er vierzehn Tåg breits furt,
bis endla er in Klågnfurt –
mit Blåttern schuan af bade Füaßn –
en Hiasnvetter kånn begrüaßn.
's werd viel verzählt und werd viel gfrågg,
bis gach da Hiasnvetter sågg,
wia se de Nåcht ben Fenschter stiahn:
„Is unser Monad nit recht schian?

Glånzt anlat wia a Wunder heunt,
håt långe schuan so voll nit gscheint."
„Jå, jå, dös Leut då in da Städt,
håt's ållm'l noch es Bessere ghåt.
Wrum soll's ben Monad ånderscht sein?
Håt der ben enk an groaßn Schein!
Mir håb ma", sågg es Michele,
„jå gråd lei a klans Sichele."

Da Stof

Da Stof kimmp språt von Wirtshaus ham;
sei Ålte schnårcht schuan fescht in Tram.
Ben Haustor schaugg er af de Uhr:
Es geaht jå schuan af viere zua!
Då påckt be långsåm ihn da Graus.
Er ziacht de Schuach gånz hamlat aus
und schleicht – sei Ålte werd nit wåch –
ins eheliche Schlåfgemåch.
En Huat, de Hosn und en Rock
straft er gschwind åb, en linkn Sock,
en rechtn noch, schlågg 's Leilach zruck, –
då måcht sei Ålte gach an Zuck.
Und wia se låt es Liacht aufblitzn,
siecht se en Stof am Bettrånd sitzn.
Schaugg afn Stof, schaugg af de Uhr:
Es geaht jå erscht af viere zua!
Sei reibb si noch amål de Augn,
tuat noch amål zen Stof hinschaugn,
dånn mant se nåch an tiafn Schnauf:
„Jå, Stof, wås tuascht denn du schuan auf?
Is jå noch finschter, viel ze früah,
de Oxn schlåfnt noch, de Küah;
kånnscht du bis viere niammer zähln?
Werscht dechtern nit schuan aufstiahn wölln?"
Da Stof begreift in Augnblick
dås für ihn unverhoffte Glück.
Und zsåmp sein Rausch mant er hiaz lei:
„Nit amål viere erscht vorbei?
Dabei hån i hiaz gråd getramp,
i hiat es Aufstiahn heunt versamp.
Hiaz waß i erscht, wo i hiaz bin. –
So leg i mi hålt wieder hin."

Er draht si um und schnårcht gschwind ein.
Sei Ålte löscht en Låmpenschein
und deckt si mit'n Gulter zua.
So schlåfnt se bis in da Fruah.

Jå, Seinen gibb's da Herr in Schlåf. –
Denk af de Gschicht von unsern Stof!

War guat a Irrtum heitawånn,
wånn er en Friedn rettn kånn.

In da Zeitung

„Heunte", sågg da Håns ze mir
und håbb mir a Zeitung vür,
„steah i in da Zeitung drin.
Bua, hiaz siegscht erscht, wer i bin!"
„Då bischt jå ze grateliern.
Wrum tuascht du denn drinnen stiahn?"
såg i drauf und schaug ihn ån.
„Tua lei lesn!" mant mei Gspån.
„A Million in Österreich
hånt heunt viel ze groaße Bäuch,
weil se essent viel ze viel.
Dås kånn glabn, wer de will.
Und send's ah de hålbn lei,
i bin jedenfålls dabei."

Moderne Architektur

Znachst hån i en Håns getroffn
afn Plåtz vor seinder Tür.
„Servas!" sågg er, „kimm decht eicha,
trink mit mir a Hålbe Bier!"

Wia ma so benåndersitzn,
kemma hålt ins Dischgeriern,
wås man kinnat besser måchn,
wås ålls war zen Ausprobiern.

„Wås sågscht ze de noien Häuser,
ze de hoachn ohne Dåch?
Gfållnt da de?" fråg i en Håns.
Der denkt erscht a Weile nåch.

„Ah, du manscht, wia mir tuat gfålln
de moderne Architektur?
Guat, lei gråd da Gårtnerkofl",
mant er, „der paßt nit dazua."

De Zeit verschläfn

Mei Feichtnbamle

I hån a Feichtnbamle gsetzt.
En Bam wer i wohl nia derlebn.
Wånn si ålls reimp, kånn 's Bamle mir
in zwanzg Jåhrn gråd an Stempl gebn.

Wånn's weiter kråtet, kriagg mei Bua
so anlat wohl in fuchzig Jåhrn
von segn Bamlan dånn an Tram,
an Kehlbålkn oder an Spårrn.

In siebzg Jåhrn schneidat 's Enkele
vielleicht dånn ane schiane Lådn.
Kånn åber sein, daß sebn da Bam
noch ållweil war dafür ze schådn.

En rechtn Nutzn hiat da Bam
erscht, wånn ben Schlägern dånn da Stor
mit seine Jåhrring tat verzähln:
Da Bam is gewåxn hundert Jåhr.

Lei, wer werd dånn de Jåhrring zähln?
Mei Enkele is dånn nit mehr.
Wer werd de Bloch zur Såg hinführn?
Wer werd de Lådn schneidn? Wer?

Und ob da Bam dås wohl derlebb?
Wer kånn denn heunte dås schuan seachn?
De Lahn kånn kem', da Sturm, da Schnea, –
in hundert Jåhr kånn so viel gscheachn. –

Mi håt mei Årbat nia gekroit,
i tua se heunte jå noch gern. –
I hån a Feichtnbamle gsetzt;
i setz noch mehr – wås ah måg wern.

Sebn amål wårnt unsre Wörtlan so hell

Sebn amål wårnt unsre Wörtlan so hell
wia obn in Berg a lebendiger Quell;
sebn amål hånt noch de Verslan geklungen,
sebn amål håb'ma noch Liadlan drauf gsungen;
sebn amål wår unsre Språch vollder Pråcht.
Heunte? – Wås hånt se damit lei gemåcht?

Fetzn – Brockn – ålls lei verdraht,
zsåmmgståmpft – derbeutlt – zen Possn akrad,
umedum Trümmer – nix is mehr gånz,
rührn in Dreck – wo bleibb da Glånz?
Ninderscht ka Liacht – ka Fenschter, ka Tür,
ålls lei ver – ruckt – ka Sinn und ka Gspür,
giggl – goggl – ka Liab mehr zur Språch,
åber „modern" – sågnt se – hanternt ålls nåch.

I hån probiert lesn, hån's aufgebn båld,
wår nix zen verstiahn, wår lei ålls aso kålt;
i hån probiert singen, is ma 's Liadle derfrorn,
då hån i erscht gspürt, wås mir håbn verlorn.

Sebn und heunt

Sebn amål is ålls gånz ånderscht gewesn.
Håbb ös dås ålls eppa går schuan vergessn?
Sebn hånt de Häuser ane Dacher noch ghåt,
heunt regnt's eichn, send obn jå gånz gråd;
sebn send de Roß af da Stråßn noch gfåhrn,
heunt flitznt Auto daher wia de Nårrn;
sebn håt de Füaß man zen Giahn noch gebraucht,
heunt wernd se gråd noch ben Tånzn verstaucht;
sebn håt de Poppa man ghåt be da Fåltn,
heunt send de Fråtzn schuan gscheider wia de Åltn;
sebn hånt de Schualer si noch epps glåt sågn,
heunt muaß da Lehrer de Schualer erscht frågn;
sebn håt ans ålls erscht gemüat selber probiern,
heunt glabnt se, gscheit werd man lei ben Studiern;
sebn håscht de Gitschn gekennt afn Gewånd,
heunt trågnt se Hosn, kennscht se breits nit venånd...

Sebn åber wår ah viel Hunger und Noat,
heunt hiatnt ålle genuag Årbat und Broat;
sebn håb'ma gfreut uns am klaneschtn Ding,
heunt war es Beschte uns oft noch ze gring;
sebn sein ma decht noch zefriedn gewesn.
Håbb ös es Letze eppa ah schuan vergessn?

Ob a Wetter is kem', ob de Sunne håt gscheint,
so wår's hålt sebn.
Jå, åber lebn,
lebn tua ma heunt.

Feieråbnd

Unsre schiane ålte Språch

Wia schian wår amål unsre Språch!
Se klingg ma heunt noch ållm'l nåch.
De Wörtlan wårnt wia Orgltön.
Wer kånn se heunte noch verstiahn?
„Geneatig" håt man's sebn schuan ghåt,
heunt plågg da „Streß" uns früah und språt.
Sebn håt uns gfreut da „beschte Tal",
heunt is lei ålls gschwind „optimal".
Mei „Gitschele", wia klingg dås fein,
a „Teenager" muaß heunte sein.
Zur „Nona" tuant se „Oma" sågn
(en „Neni" tuat eh niamp mehr frågn).
Wia schian wår sebn es „Gåsse giahn"!
Heunt muaß a „Party" dafür stiahn.
Es „Wirtshaus" håt sebn ghåt sein Zweck,
heunt brauchnt se a „Diskothek".
Mir håbn ah gach a „Räuschle" ghåt,
heunt send se „high" in Lånd und Städt.
Wo sebn a „Kirchtigmusig" wår,
rallt heunt a „Band" es gånze Jåhr.
Sebn wår ma „gfreuntet" umharnånd,
heunt is ålls zraft, dafür „verwåndt".
Mir wår ma sebn wohl ah schuan „wiff",
heunt åber send se „kreativ".
So „anlat" tua i mi gach frågn
(„in etwa" tuant se heunte sågn),
wohin dås Gånze eppa führt?
I bin enttäuscht, dås haßt – „frustriert".

Plentn und Sterz

Gluscht und Hunger send vorbei,
wånn i hån mei Plentn lei.
Und wia gfreut si erscht mei Herz,
wånn i kriag an Türggesterz!

Lei bevor de ånhebscht essn,
solltescht du nit gånz vergessn
(denk lei nåch und gib guat åcht!),
wås de Plentn mitgemåcht:
Türgge setzn – sebn in Mai,
Türgge häufln – nåch da Reih,
Tschurtschn brockn – nåch und nåch,
Türgge hamführn – unters Dåch,
Türgge fiedern*) – dischgeriern,
gele Tschurtschn – aussortiern
roate, scheckate, de weißn
(ledige*) in de Zane schmeißn),
Tschurtschn reifn – obn am Gång,
Türgge reibn – winterlång,
Türgge tricknen – am Ofn obn,
Türgge måhln – fein und grobn…
Endla håscht es Plentnmehl,
griffig, gschmachig, so schian gel.
Dås ålls tua erscht überlegn!
Bitt dazua noch um en Segn
für en Tisch, der dir gedeckt!
Bua, werscht seachn, wia's dånn schmeckt!

---

*) Beim „Fiedern" der Maiskolben wurden nur einige „Türggefedern" zum Aufhängen der Kolben an diesen gelassen. Wurden versehentlich alle Federn entfernt, dann war der Kolben „ledig".

So is sebn amål gewesn.
Heunt? Wer tuat heunt Plentn essn?
Kaf gschwind an „Polentagrieß"
(obn steaht „zu verwenden bis…"
„garantiert rein – ohne Schåden")
durt in Selbstbedienungslåden!
Schnell gekocht und oachngschlundn
(heunt werd 's Mehl jå niammer glundn!).
Heunt gibb's so viel guate Såchn.
Lei, wo bleibb da rechte Gschmåchn?

Wås is wohl hinter da Plånkn?

Robatn

Robatn giahn
aufn in de Ålm,
håt nia wer gfrågg,
ob dås tuat gfålln:
Håckn und schwendn,
Staudn weckputzn,
Wåsser åblatn,
Brunnstubn ausputzn,
Tommer einzäunen,
Mischt ausnschiabn,
Stander wecktrågn,
Holzscheitlan kliabn,
Ålmweg ausbessern,
Lahnholz weckraumen,
Kienspanlan schneidn,
Dåchschindln samen,
Ålmhüttn deckn,
Fenschter åbdichtn,
Taschn åbhåckn,
Bogerat richtn…

Robatn giahn
aufn in de Ålm,
håt nia wer gfrågg,
wås se tuant zåhln.
Håt's ah wohl sebn schuan
gebn ane Tück,
åber gezochn hånt
ålle af an Strick.

Ållezsåmm zerstrittn

A Bergerbawer is amål sebn
es erschte Mål af Klågnfurt kem',
es erschte Mål in seta Stådt,
de so viel Leut und Häuser håt.
Er schaugg und schaugg, kånn's breits nit glabn,
is ålls gånz ånderscht wia daham.
„Grüaß Gott!" sågg er zen erschtn Månn.
Der sumpert epps und geaht davon.
Då kimmp an ånderer vorbei.
„Bua, toll!" sågg hiaz da Bawer lei.
Der greift zen Kopf mit seinder Hånd.
„Sie sind da obn wohl nicht beinånd?"
mant der und is schuan um es Eck.
Da Bawer bleibb wia starr am Fleck.
Dånn sitzt er af a Bankle nieder,
schaugg af de Leut, de hinewieder
vorbeigiahnt då af seinder Stråßn.
Er kånn dås ålls nit recht derfåssn,
weil niamp zen åndern eppas sågg,
weil kander grüaßt und kander frågg.
„Tuant de", denkt er, „si nit verträgn,
weil ans zen åndern nix tuat sågn?
Ben uns geaht niamp ben an vorbei,
und send's ah a påår Wörtlan lei."

Wia er dånn wieder ham is kemen,
verzählt er von da Stådt, da fremen,
und sågg: „Lång hiat's mi durt nit glittn,
durt send jå ållezsåmm zerstrittn."

Sebn, wia unser liaber Herrgott…

Sebn, wia unser liaber Herrgott
håt derschåffn unsre Welt,
håt er Blüamlan, Bam und Tierlan
und en Menschn eichngstellt.
Wia ålls firtig is gewesn
und er endla råschtn will,
kimmp's ihn vür, epps war vergessn. –
Umedum wår ålls so still. –
„Eppas fahlt noch", denkt da Herrgott,
„weil i nindersch wås vernimm."
Und dånn gibb er jedn Tierlan
noch dazua de rechte Stimm.
Dås wår hiaz a Umharjauln,
Umharbülln und Umharblearn,
Umharzwilln und Umharkauln,
daß ans kinnat terisch werdn.
Åber en Herrgott håt dås gfålln.
„Lei", so tuat er speggeliern,
„eppas tuat noch ållweil fahln:
I brauch wen zen Dischgeriern."
Wia er so tuat umharschaugn,
denkt er noch a Weile nåch;
då dersiecht er gach en Menschn
und gibb ihn zen Redn – de Språch.
Åber leider – mit de Menschn
håt er ghåt går båld sei Gfrett,
weil de Leut, ståtts mit'n Herrgott
hånt ah mit'n Toifl gredt.
„Gråd zen Fluachn und zen Tschentschn
hån i sen de Red nit gschenkt",
mant da Herrgott, und gånz hamlat
håt er si epps ausgedenkt.

„Jå, i hån's, es muaß gelingen",
mant er und sågg ze de Leut:
„Tuap's ståtts redn amål – singen!"
Und schuan wår vorbei da Streit
be de Åltn und de Jungen.
Ålls wår gach wia umgekehrt;
wo de Leut hånt Liadlan gsungen,
håt ka Fluachn er mehr gheart.
Ålls wår luschtig und zefriedn,
und vergessn wår es Lad. –
Wia da Toifl håt gheart singen,
håt er si gschwind weckgedraht.

Wißt's, wo's ånghebb håt es Klingen,
wo inerscht se gsungen hånt?
Då, wo heunt noch gern se singen,
då ben uns in Karntnerlånd!

Es beschte Musiginstrument

Schuan vor hisch a långer Zeit
wår amål a groaßer Streit,
wås frane Musiginstrument
eppa wohl de beschtn send.
Ander mant: „I tua epps wettn,
daß in bescht is mei Trompetn.
Wånn i blås, werd glei getånzt,
und wia schian se ah noch glånzt!"
„Noch viel besser", schreit wer vür,
„is lei decht wohl mei Klavier!
Wo gibb's noch so schiane Kaschtn
und de elfnbanern Taschtn!"
Den springg ander ån de Gurgl:
„Dås is går nix gegn mei Urgl!
Jå, de Urgl gheart gånz vürchn,
derwegn steaht se in da Kirchn!"
„Dås is ålls lei larifari",
sågg hiaz drauf da Stradivari,
„wånn i spiel auf meinder Geign,
müassent ålle åndern schweign."
So werd hin– und hergezeggazt,
bis angach a Liacht aufbleggazt,
und ins Grafwerch mittn drein
heart a Stimm man hell und rein.
Schianer åls wia Glocknklång
klingg's hiaz auf: a Liad, a Gsång.
Umedum is hiazan Ruah;
ålls is still, und ålls lost zua.
Und a Stimm, de kander kennt,
sågg: „Dås is m e i Instrument.

Auf dås bin i richtig stolz,
is aus Blech nit, nit aus Holz,
is lebendigs Fleisch und Bluat;
derwegn klingg's jå ah so guat,
daß i's ållweil gern vernimm,
m e i Instrument – de Menschnstimm!"
„D å s Instrument hån i gemåcht",
sågg er noch drauf, geaht furt und låcht. –

De an stiahnt starr und schaugnt si ån:
„Wer wår denn eppa wohl der Månn?"
„Siegscht nit", sågg ander, „durt den Schein!
Dås muaß da Herrgott selber sein."

Auf en Herrgott seinder Wiesn

Auf en Herrgott seinder Wiesn
send viel Blüamlan hin und hin,
groaße, klane, schiane, znichte,
und i selber mittn drin.

Auf en Herrgott seinder Wiesn
tuat da Herrgott selber saan;
gach wånn tuat wohl ah da Toifl
ane Kerndlan eichnstran.

Auf en Herrgott seinder Wiesn
gibb's derwegn ah viel Gedax;
gråd es Jåtach will hoach ausn,
wia dås is be setan Gewax.

Auf en Herrgott seinder Wiesn
is wohl derwegn ålls a Pråcht,
tuat jå selber drüber wåchn
unser Herrgott Tåg und Nåcht.

Auf en Herrgott seinder Wiesn
tuat a groaßer Måhder mahn,
be den nutzt ka Niederduckn,
ka Versteckn, ka Verdrahn.

Jå, der sege groaße Måhder
tuat jeds Blüamle gach derglången,
håt a groaße, schårfe Sensn
und an Worp, an woltan lången.

Hunger

I hån Hunger,
du håscht Hunger,
er håt Hunger,
sei håt Hunger,
es håt Hunger,
mir håb'ma Hunger,
dös håt's Hunger,
se hånt Hunger.

Ålle hånt Hunger,
åber nit lei nåch Broat!
Gibb åndere Noat!
Hunger nåch Liab,
Hunger nåch Ruah,
Hunger nåch Friedn!

Muaß dås so sein?
Muaß es in Lebn
so viel Hungrige gebn?
Gabat genuag
Broat und Liab,
Friedn und Ruah!
Fahlt oft lei am Willn,
en Hunger ze stilln.

Jager und Gjågte

Da Mensch tuat's gånze Lebn jågn
und tuat dabei si woltan plågn.

Da ane jågg afs Wild in Wåld
und gfreut si jedsmål, wånn wås fållt.

Da Schürznjaga wiederum
draht si nåch jedn Kittl um.

Da dritte jågg gråd af es Geld,
åls gabat's sunscht nix af da Welt.

Da vierte jågg lei nåchn Fressn,
tuat af ålls åndere vergessn.

An åndrer jågg nåch Ruhm und Ehr
sei gånzes Lebn hinterher.

So håb'ma ålle unsre Tück
und jåg'ma ålle nåchn Glück
und jågn so lång, bis uns geaht ein,
daß mir ålls selber Gjågte sein.

Noch mehr…

Noch mehr Auto, noch mehr Strååßn,
noch mehr Gstånk in ålle Gåssn,
noch mehr Sprit, noch mehr Benzin,
noch mehr Geld, noch mehr Gewinn,
noch mehr Parkplätz und Asphalt,
noch mehr Gschäft, daß jå nix fahlt,
noch mehr Häuser und Beton,
noch mehr Liachtreklame drån,
noch mehr Gschra und Sensationen,
noch mehr Fernsehgn, Queschtionen,
noch mehr Bars und Diskothekn,
noch mehr Haschisch zen Verreckn,
noch mehr Rauchfäng und Fabrikn,
noch mehr Ruaß bis zen Derstickn,
noch mehr Kråft und Energie,
noch mehr Gift, noch mehr Chemie,
noch mehr Wåchstum und Profit,
noch mehr Schuldn und Kredit,
noch mehr Hund und noch mehr Kåtzn,
(noch mehr Kinder? – weck de Fråtzn!)
noch mehr Tempo, mehr Geneat,
bis da leschte tamisch werd,
noch mehr, noch mehr – ållweil mehr…!

Åber wås kimmp hinterher?

Normal

Wånn ander bådn geaht in Mirz,
sebn is er wohl a rechter „Plirz".

Wer fressn tuat de greaßtn Hogga,
der is gewiß a groaßer „Dogga".

Wer zen Friseur geaht ohne Håår,
dås kånn lei sein a dummer „Nårr".

Wer in da Fruah håt schuan a „Fahne",
der is a znichter „Tschinehane".

Wer ståtts'n Hönig ißt es Wåchs,
der muaß wohl sein a blöder „Påx".

Jå, Hosnkraxn u n d Mittnriemen,
dås trågnt dechtern lei de „Bliemen".

Ållm' lei ånderscht, ållm' lei „schmeck's!"
sågg jåhraus, jåhrein da „Fex".

Wer nix lernen will, nix strebb,
bleibb sei gånzes Lebn a „Depp".

Wer gschwind tschentscht wegn jedn Stegga,
is a gånz a letzer „Zegga".

Wer is hiazan dånn „normal"?
Håb'ma ålle unsern Tal.
Wer ållweil is gånz ohne Fahl,
der is gewiß nit gånz „normal".

Ausgediant

An Tuck mehr

Håt jeder an Vogl, håt jeder an Tuck:
Wo da ane schian stad bleibb, måch i oft an Zuck,
wo da ane gråd nåpfazt, gibb's mir gach an Ruck,
wo da ane geaht vürchn, geah i ållm'l zruck,
wånn da ane gern sauft, måch i nit an Schluck,
da ane tuat schlindn, wånn i luschtig spuck,
da ane schreit ausn, wånn i mi nit muck,
da ane springg drüber, wo i mi gern duck,
da ane klaubb auf gschwind, wånn i mi nit buck,
da ane möcht huckn, wo i hiaz gråd huck…
Håt hålt jeder an Vogl, håt hålt jeder an Tuck!
Und immramål wer
håt noch an Tuck mehr!

I selber, so glab i, hån nia nit an Tuck,
i bin jå epps Bsunders, a ausgsuachtes Stuck.

Wia's eppa tat sein, wånn in Spiagelan drin
i mi kinnat seachn, wia hintn i bin?
Zelescht kamat's auser, daß gråd i war der,
der vron nia an Tuck håt, åber hintn an mehr.

Nåchhantern

Bua, de znichtn Påpageien
hanternt mir jeds Wörtle nåch,
i kånn redn oder schreien,
wånn i blearn tua oder låch.

Seta Påpagei kånn freila
für sei Gschnåtter nix dafür;
er versteaht nit, wås er plåppert,
is jå dechtern lei a Tier.

Åber tua lei amål losn,
wia dås is oft be de Leut,
hantert nåch gråd lei es Letze,
gråd ze Fleiß, Bua, und wia gscheit!

Denkt's decht nåch, mir sein jå Menschn,
mir verstiahn jå unsre Språch!
Hantert's nit lei gråd es Letze,
hantert's decht es Guate nåch!

De Rauberlater

Bua, a seta Rauberlater
is komod lei be da Hånd:
ans steaht zuachn, ans steigg aufn,
bischt båld obn af da Wånd.

Is da erschte amål obn,
kånn en an er nåchnziachn;
send båld bade af da Mawer,
kement bade leichter vürchn.

Lei, so tua i speggeliern,
und dås geaht ma decht nit ein,
wrum sollt seta Rauberlater
gråd lei für de Rauber sein?

Gibb jå so viel hoache Mawern,
gibb jå so viel hale Wänd.
Måcht's decht ane Rauberlatern,
dös, mit enkre gsundn Händ,

für de an, de se tuant brauchn,
då daham und in da Fremen,
de de Mawern nit derglångent
und allan nit drüberkemen!

Müadig zuachnglahnt

Våter und Suhn

Mit fünf Jåhrn sågg da klane Bua:
„Mei Våter waß mehr wia genuag!"

Mit zechn Jåhrn glabb er si schuan gscheider:
„Ålls waß da Våter ah nit, leider!"

Mit zwanzg Jåhrn mault er frech daher:
„Wås waß denn schuan da ålte Herr?"

Mit dreißg Jåhrn mant er gach amål:
„Epps waß da Våter dechtern wohl!"

Mit vierzg Jåhrn denkt er in da Still:
„Da Våter waß lei dechtern viel!"

Mit fuchzg Jåhrn heart ma ihn dånn klågn:
„Åch, kinnat i mein Våter frågn!"

De leschte Plånkn

Sebn, wia Wunder send noch gscheachn,
wår de Welt noch åbgeplånkt,
håt niamp drüber ausn gseachn
und de Wunder niamp derglångt.

Und de auswendige Seitn
von de segn Plånknwänd
wårnd noch vollder Hamlichkeitn,
håt da Herrgott lei gekennt.

Heunte glab ma ålls ze wissn,
weil ma a klans Spaltle lei
in de erschte Plånkn grissn.
Send de Wunder hiaz vorbei?

Mit an jedn klanen Löchlan,
dås mir in de Plånkn bohrn,
geaht, wånn mir durchs Löchle schaugn,
uns a Wunder ah verlorn.

Sei'ma derwegn gscheider wordn?
Sein zefriedener mir går?
Håb'ma nit ah viel verlorn?
Wås is heunt noch w u n d e r bår?

Schaug's, dås is jå gråd dås Groaße,
daß, je weiter mir tuan seachn,
af da åndern Plånknseitn
noch viel greaßre Wunder gscheachn!

Tat de erschte Plånkn wånkn,
kinnat man se niederschlågn,
stiahnt dahinter åndre Plånkn,
wårtnt af uns åndre Frågn.

Amål wer'ma, niamp waß wånn,
mir de leschte Plånkn nehmen,
wern ålls wissn. – Åber dånn
wer'ma niammer hinterkemen.

De Zeit is drübergewåchsn

En Herrgott sei Tiergårtn

En Herrgott sei Tiergårtn is woltan weit,
håt auf und åb Tierder und Viecher und – Leut.

De gånz „hoachn Viecher", de hocknt lei dick,
wo de klan nia nit hinglångent, in da Politik.

Von de Roß send weitum in da Städt und am Lånd
de „Åmtsschimml" be de Behördn bekånnt.

Ah „Esel" und „Muli" kånnscht umedum findn,
man kånn decht nit ålle in Ståll eichnbindn.

De „Rindviecher" kånn ans ah überåll seachn,
und heitawånn tritt uns a „Ochs" af de Zeachn.

De „Sündnböck" send ah wohl weitum verstrat,
send ålls klane Tierder und tuant ma oft lad.

Und „Hund" tuat's lei woltan viel umedum gebn,
gibb „feige" und „blöde" und „årme" danebn.

Um etlane Tierder brauchescht du di nit bången,
an „schlauen Fuchs" kånn man nit leicht amål fången.

Wånn greaßer wernd unsere Teenager-Fråtzn,
dånn wernd gach aus sen oft recht „saubere Kåtzn".

De „Åffen" und „Kåter", de siecht man mascht dånn
zen Fåsching und Kirchtig – ah sunscht heitawånn.

Ah „Kibitz" und „Råmpviecher" sollnt häufig sein,
håt jå jeder an „Vogel" – und ander gheart mein.

Gibb Tierder und Viecher genuag af da Welt,
drum Mensch, bleib a „Mensch", dazua bischt jå bestellt!

De Krah und da Fuchs

A Krah håt ane Federn gfundn
afn Feld davor am Ran,
groaße, schiane långe Federn
von an scheckatn Fasan.
„Wrum sollt i lei schwårze trågn?"
denkt si hamlat hiaz de Krah,
„send de schian decht eppas ånders,
passatn jå mir wohl ah."
Und sie nimmp de lången Federn,
putzt si recht groaß auf damit,
dånn stolziert se übern Ånger
wia in an Paradeschritt.
Wia se so tuat umharpråhln,
kimmp a Fuchs daher in Laf,
und bevor de Krah kånn fliachn,
håt er se ah schuan ben Schwaf.
Er derwischt de lången Federn,
håbb se ein, so guat er kånn,
und de Krah fliacht ohne Federn
mit'n bloaßn Schrock davon.

Af an Bam obn huckt se nieder
und hebb ån zen speggeliern:
„Na, Bua, mit de f r e m e n Federn
sollnt lei åndere si ziern!"

De Baje „Emanze"

In an Bajenstock håt's sebn
amål wo a Baje gebn,
de hånt se „Emanze" ghaßn.
Der tuat umedum nix passn.
„Wrum solln mir lei Hönig suachn?"
hebb se angach ån ze fluachn.
„Wrum solln ållm'l mir den schwarn
Blüatnstab lei zuachazarrn?
Wrum solln mir de Bruat aufziachn,
derweil de Drohnen umharfliachn?
Wrum solln mir es gånze Lebn
en Weisel 's beschte Fuatter gebn,
derweil der überfressene Såck
lei Eier legg in Bajenstock?
Es müaßat umgekehrt ah giahn,
mir müassn uns lei richtig wihrn!"

So håt se ålle aufderhetzt.
Da Weisel werd hiaz åbdersetzt
und in a Zelln eichngspirrt,
wo er si anlat nit derrührt.
De Drohnen tuant se ausnjågn,
de sollnt hiaz Hönig zuachatrågn
und Fuatter bringen für de Bruat.
De Bajen selber hånt's hiaz guat,
de tuant kan Rüssl selber rührn,
de tuant hiaz ålls lei kontrolliern.
Und de „Emanze" håt ihrn Willn.
De tuat hiaz selber Weisel spieln,
tuat nix wia umharkommediern
und låt de an dås ålls recht spürn.

A Weil geaht guat de gånze Såch.
Doch mit da Zeit låt ålls gach nåch:
Da Hönig und es Wåchs wernd rar,
de Drohnen kement ham gånz laar
(då nutzt ka Schimpfn und ka Stråfn,
se send dafür jå ah nit gschåffn),
de Bruat håt båld nix mehr ze fressn,
en Weisel tuant se gånz vergessn,
und niamp kånn ane Eier legn.
Von gånzn Stock is furt da Segn.
Und weil lei ålle umharlungern,
send ållezsåmm båld am Verhungern.

Wås sunscht noch gebn håt frane Plågn,
kånnscht be de Roßwespn derfrågn.

Da Igel

An jungen Igel fållt's gach ein,
er möcht a bsundrer Igel sein.
„I låß mi nit für dumm verkafn!
Ållm' mit de Ståcheln umharlafn,
wo umedum in gånzn Lånd
de an so wache Pelzlan hånt",
so mault er hin, so mault er her.
„I geah noch heunte zen Friseur.
Da Krebs sollt mir de Ståcheln schneidn.
De ådern wernd mi noch beneidn,
wånn se mi seachn wernd so schian.
Man muaß decht mit da Mode giahn."
So låt von Krebs er si recht stutzn,
daß hiaz de Ståcheln niammer wutzn.
Und dånn måcht ihn noch de Libelln
recht schiane wache Dauerwelln.
Drauf låt er si mit seine Plundern
von ålle umedum bewundern.
Då kimmp angach gånz ungefähr
von Wåld a ålter Fuchs daher
und sågg: „Bua, Bua, bischt du heunt schian,
bleib dechtern a kla bißl stiahn,
werscht decht dei Schianheit nit versteckn!
Mm, und so guat tuascht du heunt schmeckn!"
Da Igel stellt si in Positur.
Da Fuchs reißt 's Maul auf und schnåppt zua.
Da Igel ausn leschtn Loch
schnauft: „Hiat i lei de Ståcheln noch!"

De Viper

A Viper håt in Hirbischt språt
amål a schiaches Zåhntweah ghåt.
Sie håt gekönnt båld niammer beißn.
„De Giftzähnt låß i auserreißn",
sinniert se so vor lauter Weah,
„in gscheidescht, wånn i heunt noch geah.
Da Hirschkäfer mit seinder Zången,
der sollt de Zähnt mir auserfången."
So kriacht se hin, en Kopf verbundn,
bis se en Hirschkäfer håt gfundn.
„Heunt kånnscht amål dei Kunscht beweisn,
tua bittschian mir de Zähnt gschwind reißn!"
sågg se und reißt weit auf es Maul.
Da Hirschkäfer, der sunscht lei faul,
laft schnell davon bis hintern Bam,
durt, wo da Igel is daham,
und schreit laut: „Hilfe, liaber Freund,
de Viper will mi beißn heunt!"
Da Igel låt si nit lång haßn –
er tuat jå eh gråd Schlången passn –,
er kimmp gschwind vürcha vom Versteck,
beißt zua – und frißt de Viper weck.

Wer sunscht lei ållm'l Gift vertalt,
der kånn ka freme Hilf derwårtn,
wånn ihn gach selber eppas fahlt.

Da Wualtschgga und da Hås

A Hås trifft af da Onewend
an Wualtschgga, den er lång schuan kennt,
und der gråd umhargråbn tuat.
„Für wås is dås denn eppa guat?"
frågg er. „Wås suachescht denn då drin?
Vor lauter Gråbn werscht noch hin.
Werscht auf und auf jå lei voll Dreck.
Schaug mi ån", sågg er stolz und keck,
„wås bin då i fra nobler Månn!
De Dreckårbat greif i nit ån!"
Und wia er si so umharpråhlt,
kimmp von an Bam von nåchn Wåld
a Habicht her gråd übers Moos
und påckt ben Krågn gschwind en Hås.
Da Wualtschgga åber kånn gråd noch
si duckn in sei Erdnloch
und denkt si in sein Wualtschggasinn:
„De Dreckårbat mächt an nit hin.
In Gegntal, so man i hålt,
de håt si decht wohl ausgezåhlt."

Es Mäusle

Ben Marhof obn ben åltn Stof
laft flugs a Mäusle übern Hof,
und hinterher in weitn Såtz
springg nåch de groaße schwårze Kåtz.
De Tür zen Kuahståll is gråd offn,
gschwind is es Mäusle eichngschlofn.
Dås åber hilft hiaz ah nix mehr,
de Kåtz is schuan dahinter her.
Es Mäusle siecht si hålb schuan toat
und rennt in seiner greaßtn Noat
zur Schecka hin, zur åltn Kuah:
„I bitt di går schian, bittschian, tua
mi schnell versteckn vor da Kåtz!
Håscht ninderschtwo an sichern Plåtz?"
De glotzt, dånn kimmp's ihr gach in Sinn:
„Huck schnell di hinter meiner hin!"
Und b – b – b deckt gschwind de Kuah
es Mäusle mit an Flådn zua.
De Kåtz kennt si inerscht nit aus.
Wo is denn hiazan lei de Maus?
Då siecht se, sie reibb si de Augn,
von Flådn es Schwanzle auserschaugn.
Sie ziacht es Mäusle ausn Dreck
und trågg's davon und frißt's dånn weck.

De Gschicht tuat eppas uns beweisn:
Es send, de gach di wo besch…,
nit unbedingt gråd deine Feind.
Und umgekehrt, nit lei de Freund
tuant ausn Dreck di auserziachn;
du kånnscht di noch so guat verkriachn.
Und bischt in Dreck du amål drin,
ziach ein en Schwaf, sunscht bischt gach hin!

Greimts und Ungreimts ausn Gailtål

De Zeit is ernscht

De Zeit is ernscht, i waß es wohl,
de Welt is heunt nit hal;
lei fråg i mi, wia i hiaz soll
dazuatuan ah mein Tal.
Sollt i ah Gift und Gål vertaln
und noch mehr Dreck aufrührn?
I glab, so kånn de Welt nit haln,
kånn lei noch mehr verliern.
Gråd hiaz, wo ålls so ernscht tuat sein,
vergeßt's nit af es Låchn!
Und wånn enk ah epps nit tuat gfreun,
nit tschentschn – besser måchn!
Tuap's lei es Guate wåxn låssn,
wås nutzt es gånze Blearn!
Von Jammern und von Trüabsalblåsn
tuat jå nix besser wern.

Tschentschn

Getschentscht hånt ållweil schuan de Leut,
doch håt dås nia wen richtig gfreut.
Wer tschentschn tuat, is maschtens grantig,
de åndern måcht es Tschentschn hantig.
De Tschentscher kånn niamp recht verputzn,
es Tschentschn bringg jå ah kan Nutzn.
Derwegn is gscheider, man is still,
wånn man gach selber tschentschn will.

Dås wår amål a guate Lehr,
lei is dås woltan lång schuan her.
Jå, ålls tuat amål ånderscht werdn.
Heunt is es Tschentschn sehr modern;
heunt werd getschentscht von früah bis språt
und is es lei „a guater Råt".
An jiader tschentscht, wås er lei kånn;
i fång schuan selber damit ån.
Man frågg oft går nit nåch'n Sinn;
wer heunt nit tschentscht, der is nit „in",
der is von geschtern, is nit wiff;
es Tschentschn, haßt's, is „kreativ".
Nit lei de Åltn, ah de Jungen
send von da Tschentscherei durchdrungen.
Schuan in da Schual de klanen Fråtzn
tuant mit'n Tschentschn si heunt protzn.
Es gånze Lebn is heunte lei
jå båld de reinschte Tschentscherei
bis in de hoache Politik.
Lei haßt es Tschentschn heunt: Kritik.

A Tschentscherei so heitawånn
is går nit letz und gheart ah her;
doch tschentschn sollat decht lei der,
der's selber besser måchn kånn.

Fechtn

Wås wårnd wohl sebn vor långer Zeit
de Fechter frane årmen Leut!
Wår umedum a bittre Noat,
hånt gemüat fechtn um a Broat,
de Bettler und de Håmpasa. –

Jå, fechtn tuant se heunt wohl ah,
lei schaugg heunt 's Fechtn ånderscht aus:
Heunt giahnt se nit von Haus ze Haus;
heunt håbnt se ånderscht hin de Händ,
heunt fechtnt se von ålle Wänd,
in Fernsehgn und in Radio.
Es gibb ka Örtle inderschtwo,
wo nit werd gfochtn ålle Ritt.
Heunt fechtnt se af Schritt und Tritt,
da feinschte Herr, de schianschte Dame.
Heunt sågnt zen Fechtn se: Reklame.

Streitn

Wånn i so aufdenk, wia vor Jåhrn
noch umedum is gstrittn worn,
in Wirtshaus, af da Keglbåhn
und erscht ben Brentln heitawånn,
går afn Kirchtig und ben Tånz!
Da Hias, da Seppa und da Frånz,
de hiatn si in liabscht derschlågn…

Tuant heunte ålle si verträgn?
Geaht heunte ålls gånz friedlich her?
Gibb's heunte går ka Streitn mehr?

Gibb wohl ah heunte ålle Ritt
a richtigs Grafwerch und an Strit.
Geaht oft ah heunt a Streitn ån
in Wirtshaus, af da Keglbåhn…
Lei is heunt 's Streitn aufnghobn.
Heunt streitnt se ah heacher obn.
Um Steuern und um Årbatsplätz
geaht heunte dås moderne Gfetz.
Und oft lei gråd ums Justament
werd gstrittn heunt – in Parlament.
Oft glabscht, glei wernd se ånhebn rafn
und senre Irmling aufnstrafn.
Send jå gånz gleich noch de Maniern,
lei haßt heunt 's Streitn: Debattiern.

De Lugner

Ans wår wohl ållweil schuan gewiß,
daß Lüagn går nix Nutzes is;
de Lugner håt man nia recht mögn;
es Lüagn bringg jå ah kan Segn.
Und doch is ållweil glogn worn,
mit grobn und mit feinen Gårn.

Heunt kimmscht an setan Lugnerviech
oft nit so leicht af seine Schlich.
Heunt kånnscht vor sen di nit derwihrn,
heunt hånt se åndere Maniern,
heunt lüagnt se jå so raffiniert,
daß ans de Lug oft går nit gspürt.
Von Lüagn redet heunt jå kander,
heunt haßt es Lüagn – Propaganda.

De Rauber

Wånn immramål de åltn Leut
uns Raubergschichtn tuant verzähln,
kinnat man glabn, in unsrer Zeit
gibb's dechtern kane setne Schelm.
Heunt håb'ma jå de Polizei
und håb'ma so viel guate Richter;
de letzn Zeitn send vorbei
und mit sen ah de Bösewichter.
Wer werd denn heunt noch stehln giahn
so hamlat mittn in da Nåcht;
heunt werd dås elegant und schian
be Tåg in an Büro gemåcht.
Man braucht dazua lei a Papier,
kånn selber si dabei verschonen,
a Unterschrift – gewißt lei wia –
und schuan håt man a påår Millionen.
Man sågg wohl, dås wår a „Skandal",
doch werd derwegn niamp gezwickt;
dås is jå ålles gånz legal,
jå lei a „Kavaliersdelikt".

Diplomatisch

Windbeutl håt's ållm' schuan gebn,
de, wånn du se epps tuascht frågn,
dir ka klåre Åntwort gebn,
de nit jå und na tuant sågn.

Erscht tuant se långe umhardruckn,
umharredn um en Brein,
gach amål a Åchselzuckn.
Dås tuat decht ka Åntwort sein.

Wer de Wörtlan tuat verdrahn,
wår wohl nia nit recht sympathisch.
Tuat da Wind heunt ånderscht wahn?
Heunte haßt dås: Diplomatisch.

Muattertåg 2000

Es Büable kimmp Nåchmittåg ham von da Schual
und hockt gånz allan af da Muatter ihrn Stuahl.
De Muatter kimmp erscht af de Nåcht von Büro.
„Muatterle, såg ma, wrum tuascht denn aso?
Wrum låssescht denn mi aso långe allan?
Muatterle, bleib decht be mir då daham!"

„Leider, mei Büable, dås geaht leider nit.
Schaug lei, mir brauch ma jå epps ålle Ritt:
A Wåschmaschin brauch ma, a Büglmaschin,
an Fernsehapparat – da ålte is hin –,
a Auto, a noies, hiat da Våter gern ghåt
und i noie Fliesn fürs obere Båd,
an Kassettnrecorder, an Kühlschrånk, a Bar,
an Teppich, an echtn, – de Stubn is so laar…
De Nåchbårn hånt ålls dås schuan längscht untern Dåch.
Mir sei'ma sen eh schuan gånz weit hintnnåch.
Derwegn, mei Büable, dås muascht du verstiahn,
kånn i nit dahambleibn, i muaß wås verdien'.
I tua's jå für di lei und hålt ålls fescht zsåmm;
dafür werscht du's amål viel schiander noch håbn."

„Muatterle, i brauch ka Büglmaschin,
i brauch jå dås ålls nit, dås Zoig då herin.
I brauch jå lei di, schaug, i bin so allan.
Muatterle, bleib decht be mir då daham!
Wås hån i von Kühlschrånk, von Båd, von da Bar…
Wånn d u nit bei mir bischt, is de Stubn so laar."

*

De Jahrlan vergiahnt, und es Büable wåxt her,
håt selber hiaz ålls – lei ka Muatterle mehr.
Es Glück wår nit kluag, håt ihn viel zuagetalt:
a Auto, an Kühlschrånk… lei es Muatterle fahlt. –

Is viel zen derkafn af unserer Welt;
lei ans kriagg man nia nit um noch so viel Geld.
Wås tat i wohl zåhln, wås tat i wohl gebn,
wånn heunte noch kinnat mei Muatterle lebn!

A Fleckle Erdn

Da Hiasnvetter in da Stådt,
Bua, Bua, der håt a Wohnung ghåt!
Es Michele – vor lauter schian –
getraut si breits nit eichngiahn.
Dås tuat en Hiasnvetter gfålln,
derwegn hebb er ån zen pråhln:
„Das hier, das ist mein bestes Stück,
ein echter Perser, schon antik.
Der Teppich ist gewiß schon bald
so an die hundert Jahre alt;
je älter, umso mehr begehrt,
denn umso größer ist sein Wert."

Es Michele tuat dås verstiahn:
„Ah, nåch'n Ålter tuat dås giahn?
Dånn muaß i åber richtig lobn
mei Ackerle in Leasach obn.
Durt gheart a Fleckle Erdn mein,
dås tuat noch viel, viel älter sein."

Wer holt uns åb?

Wånn unser Lebn
a Fernsehsendung war

Wånn unser Lebn a Fernsehsendung war,
dås war a Gschicht, dås tat mir richtig taugn!
I tat dånn gråd es Schianeschte lei schaugn,
ben Letzn liaßat i en Bildschirm laar.

I brauchat jå lei es Programm studiern
und mir von ålln es Beschte ausersuachn;
wånn eppas mir nit gfållt, glång i lei durchn,
druck afn Knopf und brauch nit eichnstiern.

Jå, Bua, af de Weis gangat's mir wohl guat!
I schaugat mir lei de Komödien ån
und ah an bsundern Krimi heitawånn,
mit guatn End, wo mir nix gscheachn tuat.

Doch håt de gånze Såch hålt ihre Muckn.
Wås nutzat mir de beschte Sendung, wenn
i dås Programm nit waß und går nit kenn
und mir niamp sågg, wånn i en Knopf sollt druckn.

I tat vielleicht dånn gråd es Letze seachn
und kriagat gråd es Beschte oft nit mit.
Derwegn is besser wohl, i kånn dås nit
und waß ah nit, wås ålls so noch werd gscheachn.

*

Und weil mir gråd von Fernsehgn dischgeriern:
Solång, bis es Programm nit besser werd,
war seta Lebn jå eh lei gånz verkehrt.
I glab, mir håbn dabei nix zen verliern.

Redn und singen

Mit'n Redn
kement de Leut zsåmm,
heart man umedum sågn.
Muascht du eppas frågn,
håscht du wås zen klågn,
willscht du di verträgn,
brauchescht lei redn!

Mit'n Singen
geaht's noch viel leichter.
Is ums Herzle dir schwar,
isålls gfrorn und starr,
is de Welt um di laar,
heb ån zen singen!

Ben Redn paß auf,
nit jeds Wörtle is fein!
Ben Singen kånn nit leicht
a schlechts dabei sein.

Wånn Redn Silber is
und Schweign Gold,
wås is erscht es Singen,
dås nia nit verhållt?

Es Spiagele

I hån in Spiagl eichngschaugg.
Na jå, wås sollt i dazua sågn.
Mir håt dås Bildle recht getaugg,
i hån mi nit gekinnt beklågn.

Hån mi betråchtet von da Neachn.
Wår ålls, wia i's mir vürgstellt hån;
i hån mi ålser gånzer gseachn,
jå – åber hålt lei gråd von vron.

Wia hintn i wohl ausschaugn tua?
Då war i neugierig akrad.
Weil's mi nit glåssn håt in Ruah,
hån's Spiagele i umgedraht,

und hån gemant, es werd mir zagn
mei Hintertal, dås i nit kenn.
Is eppa dås ah so schian glagn?
Jå eppa wohl, wedenn, wedenn!

Ha, nix is dabei auserkemen;
da Spiagl håt nix zagn mögn.
I wer ka Spiagele mehr nehmen.
I wer mi hintn nia nit sehgn.

Es Komat

Zwa Roß stiahnt draußn af da Stråßn,
derweil de Fuhrleut drinnen gåssn.
Då hebb gach ans zen wiehern ån:
„Schaug, wås fra Komat daß i hån!
A seta wunderschianes Leder
håt heunte dechtern nit an jeder.
Wia es Beschläg tuat sauber blitzn!
I möcht dås ålls nia mehr vermitzn."

Es ane Roß tuat drauf lei låchn:
„Mi kånnscht damit nit neidig måchn.
Mir is mei Komat schian genuag,
i brauch då ka Beschläg dazua.
I bin zefriedn mit mein schiachn,
muascht mit dein schian jå ah lei – ziachn."

Dås „-ele"

Mir låß ma uns nit nehmen,
mir Karntner, dås „-ele";
dås gheart wia's Giahn und Kemen
zen Karntner ABC.

Na, dås geb'ma nit her. Es gheart zen uns wia es Wåsser zen Brunn und wia es Dirndle zen Buabm. Es begleitet uns es gånze Lebn, unser „-ele".
Dås hebb schuan in da Wiagn ån, wo da Karntner åls klans Putzele liegg. Wås tat denn seta Wusele ohne Zuzzele, ohne Flaschele und ohne Wagele? War lei an årms Wasele, a richtigs Hascherle.
Und ah später, wånn es Zartele greaßer werd, geaht's nit ohne „-ele". Noacha muaß es Råbasle lernen, af es Topfele giahn oder af es Kåchele sitzn, braucht's a Schüssele, a Häfele, a Tegele für sei Pappele, a Löffele und båld ah a Gabele für sei Schnabele.
Wånn es Gitschele in de Schuale kimmp, geaht's damit weiter: a Taschele war recht und drin a Ziggerle, an Apfele, a Zedele und waß sunscht noch wås, und für de Zöpf a Maschele. Und es Franzele kriagg hiaz a Janggerle und a Zeggale und drin a Kügele, a Steggale und ånders seta Zoig. Und nåch da Schuale geaht's ausn af es Wiesele oder af es Angerle zen Wiegele-Wolgele übers Riegele.
Wånn es Mitzele greaßer werd, schaug's ållm' öfter in a Spiagele und richtet es Grudele, dazua braucht's a schians Kampele. Is hålt noch a rechts Treapele. Es Kittele, es Miadele und es Kragele kinnent nit schian genuag sein, då derf ka Fusele und ka Flinderle drån hängen. Es Franzele trinkt båld ben Wirt sei erschtes Viertele. Gach af an Åbend kriagg es Mitzele es erschte Bussele. Und af de Nåcht kimmp es Franzele af ihr Fenschterle; er braucht lei a Laterle, ka Schlüssele. Und

wås dawert's, und in da Wiagn liegg wieder a Putzele und ålls hebb wieder von vron ån.

Åber ålls geaht amål ze End. Amål fållt für jedn von uns es Riegele zua und übrig bleibb a klans Hügele.

Hiaz werd ös wohl verstiahn, wrum mir Karntner uns dås „-ele" nit nehmen låssn.

Da Waldi

Wås is denn los ben Nåchbår durt?
Da junge Hund is wieder furt!
„Da Waldi will ben Haus nit bleibn,
tuat liaber si wo umhartreibn.
Werd eppa decht ka Reach nit jågn",
so heart de Nåchbårin man klågn.
„De Jager wernt ihn noch derschiaßn.
Mir wer'ma ihn giahn suachn müassn."
Se schreient, rafflnt mit da Kettn
und måchnt wegns'n Hund a Mettn.
Man heart se pfeifn, „Waldi!" riafn,
da Knecht muaß går ins Pårzach schliafn,
und umedum werd gsuacht und glofn.
En Hund hånt se nit ångetroffn.
Dås gibb gewiß noch a Malheur. –
Då kimmp es Franzele daher
und siecht, wia se en Hund tuat suachn
und heart se ålle umharfluachn.
Er denkt a Weile nåch genau,
geaht hinters Haus und riaft: „Wau-wau!"
Es dawert nix und man heart kauln,
gråd wånn a Hund tat hintermauln.
Und ausn Wåld mit gstreckter Zungen
kimmp hiaz da Waldi vürchergsprungen. –
„Jå", sågg es Franzele, bevor er geaht,
„mit'n Hund müat's so redn, daß er's ah versteaht."

Wia de Thresl es erschte Mål mit'n Zug is gfåhrn

Vor über hundert Jåhrn hånt se ah ins Gailtål a Eisnbåhn gebaut. Bua, dås wår epps sebn! Håt jå ah genuag Queschtionen gebn, bis es soweit gewesn is. An jedn Ran und an jedn Mischthaufn hånt se gemüat ausweichn, daß se de 30 km von Årlestan bis af Hermagor zsåmmgebråcht hånt, sunschter hiat da Kaiser jå de Gailtålbåhn nit bewilligt. Åber in 94er Jåhr wår's noacha soweit. De Leut send von umedum zsåmmglofn und hånt neugierig gschaugg. Warnt wohl ålle ah gern åmål mit den schnaufatn Fuhrwerch gfåhrn, hånt åber nit ålle genuag Geld ghåt dafür.

De Thresl åber håt es Geld dafür ghåt. Sei håt jå schuan långe genuag zsåmmgspårt dafür. Sei wår jå recht fortschrittlich, für wås Noies wår sei ållm' ze håbn. Bua, dås håt ihr getaugg, wia's so dahingången is und vor de Fenschter de Telegraphnstången lei so vorbeigflitzt send! Inerscht is se wohl be jedn Pfiff zsåmmgezuckt; åber bis se af Årlestan kemen is, håt se si schuan be långsåm drån gegwöhnt ghåt. In Årlestan håt se gemüat umsteign und in Villach noch åmål. Sei håt jå af Klågnfurt gewöllt zen ihrder Muahma.

In Klågnfurt håt se erscht Augn gemåcht! De Muahma håt ihr ålls gezagg: de hoachn Häuser, de groaßn Auslågn, de Stråßnbåhn und hålt ålls, wås es so in ander groaßn Städt zen seachn gibb. Af de Nåcht send se noacha müadiger wieder in de Wohnung von da Muahma kemen. Ah då håt's viel zen Ånschaugn gebn: de schiane Kredenz in da Kuchl, da spiaglate Kåschtn und da komote Diwan in Zimmer. In bescht håt da Thresl åber epps ånders gfålln. Wia se åmål håt gemüat wohin giahn – wißt's eh, wohin i man –, håt ihr de Muahma gezagg, wia man af den Örtl es Wåsser oachalåßt. Seta „WC", wia se heunt dazua sågnt, håt de Thresl noch nia nit gseachn ghåt. „Du brauchst nur diesen Hebel herunterziehen", håt de Muahma gsågg. De Thresl is inerscht wohl schiach derschrockn, wia's angach ånghebb håt zen rumpln und zen gurgln. Åber noacha håt ihr dås so guat gfålln, daß se ållm' wieder af es sege Örtle håt gewöllt giahn.

Nåch etlane Tåg is de Thresl wieder hamgfåhrn. In Zug zwischn Villach und Årlestan håt se angach wieder gemüat. Da Kondukteur håt ihr gezagg, wo se hingiahn muaß. Då håt noacha de Thresl gschaugg! In den segn Örtl in Waggon wår ah a seta groaßer Kåchl wia be da Muahma in Klågnfurt und drüber ah a seta Habl zen Oachaziachn. Wia de Thresl noacha mit ihrn Gschäft firtig gewesn is, håt se hålt ah be den Habl fescht gezochn. Is åber ka Wåsser kemen. Dafür åber håt da Waggon zen kreischn ånghebb, und angach is da Zug gstånen. De Thresl is gschwind ausn be da Tür; sei håt gemant, es war schuan Årlestan. Da Zug wår åber mittn af da Streckn stiahngebliebn, und de Leut hånt gschrien und send aufgeregt umharnånderglofn. Und vor da Tür håt schuan da Kondukteur gewårtet und håt de Thresl gfrågg, wrum se de Noatbremsn gezochn hiat. De Thresl håt nit gewißt, wås se sågn sollt, sei håt si nit ausgekennt. Hisch ane Guldn håt ihr de Hetz gekoschtet. Und weil se ka Geld mehr ghåt håt, håt se noacha daham ålls gemüat nåchzåhln.

Daham hånt ålle de Thresl noacha gfrågg, wia es ihr ben Zugfåhrn gången is und ob de Eisnbåhn wohl nit går ze toier war. „Es Zugfåhrn selber war nit so schiach", håt de Thresl gemant, „åber sch… derfescht in Zug nit giahn; Bua, dås kimmp verdåmmt toier, dås is anlat nit zen derzåhln!"

Nåch långer Ras wieder daham

In Goethepark

Und wieder is nåch etla Jåhrn
es Michele af Klågnfurt gfåhrn.
Lei dåsmål geaht er's schneller ån;
hiaz fåhrt jå schuan de Eisnbåhn.
So is er schuan nåch a påår Stundn
ben Vetter in da Hauptstådt untn.
Da Hiasnvetter is komod
und zagg en Michele de Stådt.
Es Michele tuat schaugn und schaugn,
und ållweil greaßer wernd de Augn.
De Füaß, de wöllnt båld niammer mit,
es Stråßnpflåschter taugg ihn nit.
Er håt genuag von Umharflitzn:
„Geah, tua ma amål niedersitzn;
i kånn de Füaß breits niammer hebn.
Werd dechtern wo a Bankle gebn?"
In Goethepark is ans gewesn,
durt send se noacha niedergsessn.
„Wås is denn dås då für a Wiesn?"
möcht hiaz es Michele gern wissn.
„Gemaht hånt se jå ålls recht schian,
lei Gstaudach tuat viel umharstiahn.
Dås ghearat ållszsåmm zuachngstutzt
und amål richtig ausgeputzt.
Man müaßat dås Gedax hålt schwendn;
de Knittl warnt wohl zen verwendn.
De Wurzn, de ghearnt ausgegråbn,
sunscht wernd se nit viel Fuatter håbn."

„Das ist ja keine Futterwiesen.
Das ist der Goethepark, mußt wissen",
tuat ihn da Vetter drauf erklärn.
„En Göti tuat de Wiesn ghearn?"
mant's Michele. „Du meine Leut!
Dås is jå dechtern mehr åls gscheit,
daß unser Göti in da Ståadt
a seta groaße Wiesn håt!"

Es Nårrnhaus

Von Michelan derft's jå nit glabn,
er war in Kopf obn nit daham.
Und wånn wer mant, er kånn ihn tratzn,
den kånn er gånz schian eichnhazn. –
Wia er in Klågnfurt is gewesn
und af an Banklan is so gsessn,
då håt's a Herr gewöllt probiern.
Er hebb mit ihn ån dischgeriern.
„Mit dem da ist es nicht weit her",
so glabb da noble, feine Herr.
Erscht gfållt en Michelan de Hetz,
lei mit sein Hochdeutsch, då steaht's letz.
„Sie kommen also, sieh einmal,
von oben, aus dem Lesachtal?
Dort sollen, hört man allgemein,
sehr viele Leute deppert sein",
so hebb da Stådtherr ån zen pråhln.
„Den Lotter wer i's hinterzåhln",
denkt's Michele erscht in da Still.
„Ben uns obn hån i går nit viel",
mant er gach, „ane Doggern gfundn.
Ben enk då send wohl mehr heruntn.
Sunscht tat", sågg er ben Weitergiahn,
„es Nårrnhaus nit ben enk då stiahn."

Da Seppa geaht beichtn

Er is jå sunschter a recht a bigottischer Mensch, da Seppa. Jedn Sunntig und Feiertåg siegscht ihn in da Kirchn, oft wohl ah af an Werchtig. Und be da Fronleichnåmsprozession oder ben Kirfatn geaht er glei hintern Pfårrer. Åls Kirchnkåmmerer steaht ihn dås jå ah zua. Und da Pfårrer, glab i, håt a groaße Freude mitn Seppa. "Solche gottesfürchtigen und ehrlichen Leute sollte es mehrere in der Gemeinde geben", håt amål da Pfårrer gsågg.
Lei amål, schuan vor etlane Jåhr, håt da Seppa en Pfårrer schwar enttäuscht. Åber da Pfårrer håt si nix ånmirkn låssn, wrum, werd ös glei verstiahn.
Afn Kirchtig is es gewesn. Ben Wirt wår af de Nåcht groaße Unterhåltung mit Tånz. Und so wia da Seppa ka Meß auslåssn håt, so is er ah be jeder Unterhåltung dabei gewesn. Er wår jå ah a luschtiger Kerl, da Seppa. Wrum sollt a frommer Mensch nit ah luschtig sein? Sege håt uns da Herrgott jå nit verbotn. Haupsåch, man bleibb afn grådn Weg und måcht kane Dummheitn. Åber da Seppa wår jå grundånständig, er håt nia gstånkert, håt nia graft und håt ah kane Weibergschichtn ghåt, wånn er ah de Mentscher gern gseachn håt, zsåmt den, daß er verheiråtet wår. Ålsdånn kånn noacha eh nix fahln, werd ös sågn.
Sebn afn Kirchtig åber håt eppas gfahlt, wås, werd ös glei hearn. Gach amål muaß si sebn da Seppa be de Viertelan verzählt håbn. Er håt gemant, er hiat erscht dreie getrunkn, müassnt åber schuan fünfe oder sechse oder går noch mehr gewesn sein. Nit, daß er ben Zåhln eppa ånghebb håt zen åbstreitn; na, so wår da Seppa nit. Wås de Kellnerin ihn vorgrechnt håt, dås håt er ah gezählt, afn Schilling genau, und ben Trinkgeld håt er si nit lumpn låssn. Åber de Viertelan send ihn in Kopf gstiegn, und in an setan Zuastånd tuat oft a Mensch epps, wås

er sunschter nit tåt. Dabei kement oft gråd seine hamlatn Wünsch zen Vorschein. „In vino veritas", sågnt de Gschtudiertn. Da Seppa håt åber kane schlechtn hamlatn Wünsch ghåt, in Gegntal. Er wår ållm' recht freigabig, lei håt er kane groaßn Sprüng måchn gekinnt. Heunt afn Kirchtig wår ihn dås wurscht, heunt håt er amål an Luftsprung måchn gewöllt.

Wia in da Gåschtstubn ålle so gemüatlich benånder gsessn send und ålls schuan recht luschtig wår, und wia de Augn von de Weiberleut schuan ånghebb hånt zen glånzn, is en Seppa in sein Taml gach epps eingfålln. I hån enk eh schuan gsågg, daß er be de Mentscher leicht schwåch wern håt gekinnt. Dås is heunte de beschte Gelegnheit, sen mei Sympathie ze zagn, håt da Seppa gedenkt. Und af amål wår da Seppa verschwundn. Nåch ander Weile is er wieder hinterkemen, und mitgebråcht håt er a gånze Zane voll de schianeschtn Roasn: roate, gele, weiße und hålt ålle Fårbn, wås de Roasn so hånt, schian sauber ben Stingl åbgschnittn. „Ah!" und „Oh!" hånt de Weiberleut gschrien, wia se dås gseachn hånt. Da Seppa åber håt gånz feierlich jeder „Dame" a wunderschiane Roasn spendiert. Jå, freigabig wår er richtig, da Seppa; zåhln håt kane dafür eppas gebraucht, höchschtns ane Busslan.

In nächschtn Tåg wår in Pfårrhof a groaße Aufregung. Inderschtwer muaß in da Nåcht in Pfårrer sein Gårtn gewesn sein, ålle Roasn wårnt weck, åbgschnittn und furt. En Pfårrer seine schianen Roasn, sei Heiligtum in Gårtn! Wer dås eppa wohl getån håt? Müassnt wohl ane Lausbuabn nåch da Lumperei gewesn sein. Åber wer? Gseachn håt niamp wen. Da Pfårrer und de Köchin hånt jå gschlåfn, und da Hund håt ah kan Laut gebn. „Ich werde es der Gendarmerie melden", håt da Pfårrer gsågg, „die werden die Diebe schon herausfinden; es sind ja genug Fußabdrücke im Garten zu sehen."

Bevor daß da Pfårrer åber ze de Gendarmen gången is, håt er noch gemüat sei Früahmeß lesn. In da Kirchn siecht er – heunte afn Kirchtmontig – ben Beichtstuahl hintn an wårtn – en Seppa! Ausgrechnt en Seppa, der jå nit leicht amål wås zen beichtn håt. Da Pfårrer setzt si in sei Kaschtl und wårtet, wås ihn da årme Sünder då eppa beichtn werd. Ös kennt's enk eh schuan denkn, wås es gewesn is. Da Pfårrer håt wohl a långs Gsicht gemåcht, wia er in Beichtstuahl då hiaz erfåhrn håt, wer in da Nåcht seine Roasn gstohln håt. Da Seppa a Roasndieb! Na jå, de Versuachung kånn af jedn kemen; da Toifl schlåft jå nit. En Pfårrer is nix übrig gliebn, åls en Seppa de Absolution ze gebn; er håt jå reumüatig gebeichtet ghåt. Åber in de Gendarm håt da Pfårrer dås nit sågn gekinnt, dås håt jå es Beichtgeheimnis nit derlabb. Wrum noacha i waß, wer de Roasn gstohln håt und daß da Seppa in Montig ålls gebeichtet håt? Weil's da Seppa mir selber verzählt håt. Lei wås fra Buaß daß ihn da Pfårrer für de Sünd aufgebn håt, dås håt er mir nit gsågg.

De Ratschkathl

De Huaber Kathl von da Leitn,
mein Gott, de kånn si wås derhäutn!
„Na, wås de Leut frane Ratschn send,
hånt ålle Håår af senre Zähnt!"
so schimpft da Nåchbårin se vür.
„Dås fållat mir decht ein wohl nia,
af åndre Leut so umharpeckn;
in liabescht tat i mi versteckn.
Es is jå dechtern schuan a Schånd,
wås åndre frane Zungen hånt!
Heunt håt de Hoisin mir verzählt,
de Schaarin håt an – Dings – bestellt,
an noien Fernsehgapparat,
åls wånn's da ålte niammer tat.
Dabei hånt se ben Schaar in Feld
jå eh lei Schuldn und ka Geld.
En Franzl, der eh gråd erscht laft,
hånt se a Fåhrradle gekaft,
und 's Nanele, kam siebzehn Jåhr,
kriagg hiaz a ledigs Kind schuan går.
Da Stofn Hias soll Våter sein.
Na, sege geaht mir går nit ein;
da Hias is selber noch a Bua.
Und wås se hånt für a Getua,
åls wånn a Prinz war zen derwårtn.
Dabei spielt er in Wirtshaus Kårtn,
da Våter, man i, nå, da Hiasn;
dås werd da klane Gschråpp noch büaßn. –
Und noch wås hån i heunt derfrågg:
De Keuschnmitza håt mir gsågg,
daß hiaz de Thres obn hintern Båd
går mit'n Ruapn Håns epps håt.

Da Schneider Lipp håt se derwischt,
wia er in Gråbn drin håt gfischt.
Sunscht kinnat i dås går nit glabn;
is jå verheiråtet, de Wabn.
Drei Kinder håt se mit ihrn Månn,
und hiazan laft se ihn davon.
Und er geaht ah mit ander Fremen,
werd noch zen ander Scheidung kemen.
Dås is jå richtig a Skandal,
de Leut hånt heute ka Moral. –
Jå, siehgscht, so tuant se umharredn
und wissent eppas über jedn.
Na, Nåchbårin, i muaß schuan sågn,
dås Ratschn kånn i nit vertrågn,
i bringat dås nia nit zewegn.
Daß lei de Leut so ratschn mögn!"

De Analphabeter

Zwa Karntner send vor etla Jåhrn
nåch Afrika af Urlaub gfåhrn.
Då, mittn in da Kongolei
steaht gach vor sen de Polizei
und håbb se auf. Es gibb a tolle
und gånz genaue Påßkontrolle.
Nåch ander Weile sågg zen Seppn
da Håns: „Håscht gsehgn de schwårzn Deppn?
De kinnent, glab i, går nit lesn;
mei Påß is umgedraht gewesn."
Da Seppa tuat erscht speggeliern,
dånn hebb er gach ån zen sinniern:
„Wånn ans en Påß verkehrt tuat håbn,
fahlt's ihn noch långe nit då obn.
Hånt hålt nia lesn glernt, de Lötter,
und send derwegn Analphabeter.
Wås is dås schuan! Dås gibb's wohl ah
ben uns, nit lei in Afrika.
Wånn's lei ums Gschriebene tuat giahn,
då kånn i dås jå noch verstiahn.
Wås send denn schuan de schwårzn Fretter
gegn unsre Kunscht-Analphabeter!
Wås tuant denn unsre Kunschtexpertn?
I glab, dås send de gånz Verkehrtn;
de hänknt Bilder af de Wänd,
siehgscht kane Köpf und kane Händ,
und kander kånn dir sågn gewiß,
wo obn und wo untn is."

Da Seppa und da Håns in Afrika

Jå, da Seppa und da Håns, de hånt a Weile wås derlebb sebn in Afrika! Wås hånt denn de badn då untn be de Neger ze tuan ghåt, werd ös frågn. Wånn man åber wåß, daß de badn gånz leidnschåftliche Jager send, is dås nit schwar zen derråtn. Jagern hånt se hålt gewöllt in Afrika, af Groaßwildjågd hånt se gewöllt giahn, af „Safari", wia man so sågg. Da Seppa håt derwegn ah sein Hund mitghåt. Zen an richtign Jager gheart jå decht ah a Hund.

Wia's finschter is worn, send se mittn in Afrika in a „Hotel" kemen. Es wår gråd ka Hotel, wia man's ben uns kennt, ah ka richtigs Wirtshaus, seta Spelunkn hålt. Åber in Afrika derf man jå nit aso haklig sein, då muaß man froah sein, wånn man a Dåch übern Kopf håt, daß an de wildn Viecher in da Nåcht nit auffressnt und daß man selber epps zen essn kriagg. Åber mit da Bedienung wårnt de badn recht zefriedn; de Neger hånt sen an jiadn Wunsch von da Nåsn åbglesn. War jå ah nit ånderscht gången, weil de Neger hånt nit deutsch gekinnt und da Seppa und da Håns nit negerisch.

Wia se noacha so af de Nåcht in den degn „Hotel" genåchtmåhlt hånt, fållt's en Seppa gach ein, daß sei Hund ah epps zen fressn brauchat. Åber wia sollt er dås in de Neger sågn? Wia dånn gach wieder a Schwårzer mit ander Schüssl eichakemen is, håt da Seppa afn Hund gezagg und håt mit seinder Hånd zen Mund gedeutet und håt gsågg: „Ham – ham!" Da Neger håt lei genickt und håt so zen verstiahn gebn, daß er kapiert håt. Er håt en Hund genommen und is mit ihn in de Kuchl ausn gången. „Man muaß mit de Neger lei richtig redn kinnen", håt da Seppa zen Håns gemant.

Hisch nåch ander Weile, wia de zwa mitn Essn schuan firtig wårnt, is endlich da Neger mitn Hund wieder hinterkemen. Åber da Hund håt niammer lafn gekinnt, der

is fein gebråtn in ander groaßn Rein glegn. „Ham – ham!" håt hiaz da Neger gsågg.
En Seppa und en Håns håt's de Red verschlågn, und da Appetit is sen ah vergången, åber nit lei, weil se schuan gessn hånt ghåt.

Går nit auszedenkn, wås erscht gewesn war, wånn da Seppa ståtts en Hund sei Ålte nåch Afrika mitgenommen hiat.

Es Moped

Da Huaber Frånz måg niammer lafn,
drum tuat er sich a Moped kafn.
Mit Vollgas fåhrt er hiaz dahin,
schmeckt umedum ålls nåch Bezin.
Heunt will er går af Hermagor.
Då kimmp es Mitzele von Schår
und laft, åls wånn's in Dorf wo brinnat,
ob se wohl ah heunt mitfåhrn kinnat.
Da Frånz låt se hålt aufnsitzn,
dånn siecht man se lei oachnflitzn.
In Postran steaht da junge Schmied:
„He, Frånz, nimm mi decht ah noch mit!
I muaß heunt eichn in de Städt;
ze dritt geaht dås ah noch komod."
Da Schmied sitzt hiazan hintn aufn,
es Mitzele tuat vron derschnaufn,
und mit'n jaulendn Motor
geaht's so in Richtung Hermagor.
Se kement richtig ohne Schådn
bis hin zen Wirt in Küahwegbodn.
Durt steaht akrad heunt a Schendarm,
schaugg finschter drein und hebb en Årm
und schreit recht laut: „Halt! Stehen bleibn!"
En Frånz tuat's en Motor verreibn.
Er zagg lei mit da Hånd zen Kopf:
„Jå, glabscht, i bin für enk da Hopf?
Du ghearascht af de Seitn gschobn –
mir sitz ma eh schuan dreie obn!"

Kleines Gailtaler Wörterverzeichnis

Achkatzl	= Eichkätzchen
afln	= eitern
ållm'(l)	= immer (allemal)
Anizn	= Wagendeichsel (Anse)
anlat	= beinahe
Årlestan	= Arnoldstein
Bajen	= Bienen
Basandl	= Basilikum
Berchtram	= Estragon
bletzat	= verwundet, angeschlagen
bleggazn	= blinken, blinzeln
Bliemen	= Spottname
Bogerat	= Holzpritsche in Alm- und Jagdhütten
Brefele	= Anhänger, Amulett
Brintschl	= am Gefäßboden angebrannter Teil bei Polenta
brisln	= einfassen der Kärntner Nudeln
dechtern, decht	= doch wohl, dennoch
Derweil, derweil	= Zeit haben, während
dischgeriern	= plaudern, unterhalten
durchn	= hinüber
Eacha	= Ähren
Egartn	= Egart, Brachfeld
eicha, eichn	= herein, hinein
epp(a)s	= etwas
Erdruabn	= Erdäpfel
fålisch	= falsch
fechtn	= betteln
fisln	= ausschälen, auslesen

flunggazn	= glänzen, flunkern
Frigga	= Holzknechtspeise aus Käse und Speck
Gål	= Ärger (Galle)
Gåltviech	= Jungvieh und Ochsen
Gantsch	= Schlag
gaschtern	= verjagen, stören
Gåsse giahn, gåssn	= auf einen kurzen Besuch gehen
Gaßl	= Peitsche, Geißel
Gedax	= Dickicht
geitig	= geizig
gekroit	= gereut
gel	= gelb
Gemane	= Gemeindeweide
Geneat, geneatig	= Eile, eilig, genötig
geploit	= angeschlagen, gebleut
gfreuntet	= verwandt, gefreundet
Gfris	= Gesicht
Gitsche	= Mädchen
glagn	= sanft ansteigend oder abfallend
Gota, Göti	= Taufpatin, Taufpate
Grafwerch	= Rauferei, hitziger Streit
Gran	= Granne
greadn	= aufschlichten, aufstapeln
gretschn	= knarren
Grudele	= Haarlocke
Gschmåchn	= Geschmack, Geruch
Gspån	= Gefährte
Gulter	= Steppdecke
hal	= glatt, rutschig, heil
Håmpasa	= Handwerksbursch
hantig	= bitter
heiln	= eilen
heitawånn	= manchmal

Help	= Stiel bei Hacken und Zepinen
hingekeit	= verworfen (bei Kühen)
hinterse	= nach hinten, rückwärts
Hölltümpf	= Quelltümpel im Moor
iahnter	= eher, vorher
immramål	= manchmal (immereinmal)
inerscht	= zuerst
inderschtwo	= irgendwo
Irmling	= Ärmel
Irtig	= Dienstag
Jåtach	= Unkraut (das zu jätende)
Jauk	= Föhn
Kåchele	= Topf, Nachttopf, Kachel
Kåner	= Könner, Künstler
Keferfil	= Kerbelkraut
Kehlbålkn	= Querbalken im Dachstuhl
Kelper	= Hundehalsband
kirfatn	= wallfahren (kirchfahren)
Kloatzn	= Kletzen
kluag	= sparsam, geizig (klug)
Knittl	= Knittel, Knüppel
Koipech	= Kaupech
Komat	= Kummet
kopfschiach	= nicht schwindelfrei
Kråpfn	= im Gailtal auch die Kärntner Nudeln
kreischtn	= seufzen (kreischen)
Kresch	= Kresse
Krian	= Kren
Labn	= Vorhaus (Laube), Diele
Lådn	= Brett (Laden)
Lahn	= Lawine
Långas	= Frühling
larifari	= umsonst, zwecklos

Las	= Wagenspur (Geleise)
letz	= schlecht
lisnen, losn	= horchen, hören
Loser	= Ohren
Mågn	= Mohn
Mårchstan	= Grenzstein
marodig	= krank, kränklich
Mauf	= Dachboden (Obenauf)
Mentscher	= Mädchen
Mittich	= Mittwoch
Monad	= auch Mond
Muahma, Muahmele	= Tante, Muhme
nåchhantern	= (spöttisch) nachplappern
nåpfazn	= einnicken, schlummern
Neni	= Großvater
Nona	= Großmutter
oacha, oachn	= herunter, hinunter
Obas	= Obst
Ohrnschliafer	= Ohrwurm
Onewend	= Ackerrain
Pårzn	= kleines Fichtenbäumchen
Pfingschtig	= Donnerstag
Pitschele	= kleines Fäßchen
Plentn	= Polenta
ploien	= anschlagen (bleuen)
Poschtn trågn	= weitererzählen, verraten
Pumpazåna	= ausgehöhlter Kürbis
Queschtionen	= Probleme (Fragen)
ralln	= schreien, lärmen
Ranzn, ranzn	= Schaukel, schaukeln

Ratach	= Rettich
Reim	= Glück, gutes Gelingen
Retzer	= Zündhölzer
rink	= leicht (gering)
(ålle) Ritt	= immer wieder
robatn	= Gemeinschaftsarbeit leisten (roboten)
rogl	= locker
romelat	= schmutzig, schwarz
Roßwepsn	= Hornissen
Schattn	= Späne
Schotn	= Topfen
Schrefele	= kleines Holzscheitchen
schwendn	= von Gestrüpp säubern, ausroden
sebn	= damals, auch dort
sei	= sie
sen, sener, senere	= ihnen, ihr, ihre
setene	= solche
Spal	= Holzsplitter (Speil)
stickl	= steil
Stor	= Baumstumpf
Taler (das)	= Teller
Taling	= Waldparzelle (Teilung)
Taschn	= Fichtenzweige
terisch	= schwerhörig, taub (töricht)
Tommer	= Pferch, eingezäuntes Gehege
Truta	= Alpdrücken (Trud)
tschentschn	= nörgeln, raunzen
Tschoje	= Eichelhäher
tschudrat	= zerzaust, ungekämmt
Tuck	= Tücke
überse	= aufwärts, bergauf
umedum	= rundherum
unterse	= abwärts, bergab

vron	= vorne
vürchn	= nach vorne
Wasele	= hilfsbedürftiges Kind (Waise)
Wegenor	= Feuersalamander
Weisel	= Bienenkönigin
wenggat	= schief, verzogen
woltan	= ziemlich (wohlgetan)
Wolte!	= Zuruf der Holzknechte beim Abrollen der Baumstämme
Worp	= Sensenstiel
Wualtschgga	= Maulwurf
Wutzn, wutzn	= Dornen, stechen
Xeras	= Geschwätz, Gejammer, Geseires
Zacher	= Träne, Zähre
Zane	= geflochtener Korb (Zeine)
Zegga	= Rucksack
zeggazn	= necken, scherzen
Zepin	= Werkzeug für Holzknechte (Sapine)
znachts	= unlängst (zunächst)
znicht	= schlimm, schlecht (zunicht)
Zotnklauber	= Altkleidersammler
zuacha, zuachn	= herzu, hinzu
Zuapat	= Gehilfe des Hirten (Halters)
zuapatn	= dem Halter helfen
Zwinle	= Zwilling

Inhaltsverzeichnis

Vorwort 5

VON DA ANIZN BIS ZEN ZEPIN

De Anzin 9
De Bogerat 10
De Eacha 12
De Frigga 13
Glagn 14
Immramål 15
Es Jåtach 16
Kopfschiach 18
De Labn 19
De Las 22
Lei amål 23
Neni und Nona 23
Da Pårzn 24
Auf da Onewend 25
Da Pumpazåna 26
De Ranzn 27
Scheitlan kliabn 28
Rogl 30
Da Spal 31
Terisch und blind 32
Da Stor 33
Überse und unterse 36
Umedum und umharnånd 37
De Xångsprob 38
Da Zepin 40

ACHKATZLAN GASCHTERN – ZUAPATN GIAHN

Achkatzlan gaschtern 43
De Brintschl 44
Dreie benånd 46
Fålische Kåner! 46
Gåsse giahn 47
An Gål 48
Gfreuntet 49
Es Jåhr 51
De Kelper 53
Es Koipech 54
De Kråpfn 55
De Lahn 57
Larifari – umesunscht 57
Lei 58
Losn und schaugn 59
De Ohrnschliafer 61
De Sunne 62
Tschudrat 64
Umesunscht 65
Da Wegenor 66
De Wochntåg 67
De Zacherlan 69
Da Zuapat 70

IN GAILTÅL OBN

Da Monad und es Michele 73
Da Stof 75
In da Zeitung 77
Moderne Architektur 78
Mei Feichtnbamle 80
Sebn amål wårnt unsre Wörtlan so hell 81
Sebn und heunt 82
Unsre schiane ålte Språch 84

Plentn und Sterz 85
Robatn 88
Ållezsåmm zerstrittn 89
Sebn, wia unser liaber Herrgott... 90
Es beschte Musiginstrument 92
Auf en Herrgott seinder Wiesn 94
Hunger 95
Jager und Gjågte 96
Noch mehr... 97
Normal 98
An Tuck mehr 100
Nåchhantern 101
De Rauberlater 102
Våter und Suhn 104
De leschte Plånkn 105
En Herrgott sei Tiergårtn 107
De Krah und da Fuchs 108
De Baje „Emanze" 109
Da Igel 111
De Viper 112
Da Wualtschgga und da Hås 113
Es Mäusle 114

GREIMTS UND UNGREIMTS AUSN GAILTÅL

De Zeit is ernscht 117
Tschentschn 118
Fechtn 119
Streitn 120
De Lugner 121
De Rauber 122
Diplomatisch 123
Muattertåg 2000 124
A Fleckle Erdn 126
Wånn unser Lebn a Fernsehsendung war 128
Redn und singen 129

Es Spiagele 130
Es Komat 131
Dås „-ele" 132
Da Waldi 134
Wia de Thresl es erschte Mål mit'n Zug is gfåhrn . . 135
In Goethepark 138
Es Nårrnhaus 140
Da Seppa geaht beichtn 141
De Ratschkathl 144
De Analphabeter 146
Da Seppa und da Håns in Afrika 147
Es Moped 149
Kleines Gailtaler Wörterverzeichnis 150